交通运输企业安全生产标准化评价实施细则

2018

道路货物运输站场
安全生产标准化评价实施细则

本书编写组　编
交通运输部安全委员会办公室　审定

人民交通出版社股份有限公司
China Communications Press Co.,Ltd.

内 容 提 要

本书详细介绍了道路货物运输站场安全生产标准化评价办法,适合道路货物运输站场安全生产管理人员学习使用,也可供道路货物运输站场安全生产标准化评审员学习参考。

图书在版编目(CIP)数据

道路货物运输站场安全生产标准化评价实施细则/《道路货物运输站场安全生产标准化评价实施细则》编写组编.—北京:人民交通出版社股份有限公司,2019.4
ISBN 978-7-114-15358-7

Ⅰ.①道… Ⅱ.①道… Ⅲ.①公路运输—货物运输—安全生产—标准化管理—中国 Ⅳ.①U492.8

中国版本图书馆 CIP 数据核字(2019)第 025699 号

Daolu Huowu Yunshu Zhanchang Anquan Shengchan
Biaozhunhua Pingjia Shishi Xize

书　　名:	道路货物运输站场安全生产标准化评价实施细则
著 作 者:	本书编写组
责任编辑:	刘　博　林宇峰
责任校对:	尹　静
责任印制:	张　凯
出版发行:	人民交通出版社股份有限公司
地　　址:	(100011)北京市朝阳区安定门外外馆斜街 3 号
网　　址:	http://www.ccpress.com.cn
销售电话:	(010)59757973
总 经 销:	人民交通出版社股份有限公司发行部
经　　销:	各地新华书店
印　　刷:	北京印匠彩色印刷有限公司
开　　本:	787×1092　1/16
印　　张:	12.5
字　　数:	215 千
版　　次:	2019 年 4 月　第 1 版
印　　次:	2019 年 10 月　第 2 次印刷
书　　号:	ISBN 978-7-114-15358-7
定　　价:	40.00 元

(有印刷、装订质量问题的图书由本公司负责调换)

丛书编委会

主　　　任：徐　春

执行副主任：彭付平

副　主　任：(按姓氏笔画排序)

王　伟　王必亮　冉龙志　付伦香　朱　江　乔　枫　刘昌义　刘福泽　李书仁　李法卫　吴敏刚
张　胜　张　健　张三国　张立承　张朋声　张新财　陈世国　陈佳元　陈德华　罗延辉　罗序高
赵伟文　胡华平　保国忠　贾光智　徐厚仁　高军刚　曾　敏　谭瑞兵

委　　　员：(按姓氏笔画排序)

马　伟　乔希宁　乔树胜　刘立军　刘宇鹏　刘海英　安玉林　李有亮　李兆渊　李肖灏　李相伟
李冠男　杨　刚　肖慧莎　吴　冰　张凤玲　张延贵　陈　波　陈年宝　陈庆龙　周　烨　赵　颖
赵　静　赵喜明　柏玉海　姚凤金　姚静涛　贺鹏举　郭世慧　郭志南　谈　勇　韩学义　程　昊
谢东明　雷　仕　蔡　靖　熊立新

技术支持

中国船级社

交通运输部水运科学研究院

北京市交通委员会

中交第四公路工程局有限公司

北京中平科学技术院

前言 QIANYAN

交通运输安全生产是安全生产的重要组成部分,与经济社会健康发展和人民群众获得感、幸福感、安全感息息相关。在建设安全便捷、畅通高效、绿色智能现代综合交通运输体系过程中,交通运输行业必须始终牢固树立以人民为中心的发展理念,始终将安全工作放在首位,坚持改革创新,坚持安全发展,进一步增强安全工作的责任感、使命感和紧迫感,采取切实有效的工作措施,筑牢安全生产防线,确保交通运输事业发展长治久安。

6年来,交通运输行业积极推进企业安全生产标准化建设,取得了一系列成效:一是明确界定了企业落实安全生产主体责任的内涵和要求,让大家知道安全生产管什么、怎么管、达到什么要求,推动企业安全生产工作逐步规范,事故水平持续下降,显著提升了行业安全生产水平。二是强化了行业管理部门安全监管工作,丰富了安全监管手段,增强了安全监管工作的针对性,为部门实施安全生产分类指导、分级监管提供重要依据。三是为管理部门监督检查工作提供了相关标准和清单,推动实现精细化、清单化监管。

为进一步加强和推进交通运输行业安全生产标准化建设工作,交通运输部2016年7月26日发布了《交通运输企业安全生产标准化建设评价管理办法》(交安监发〔2016〕133号),进一步优化完善了企业安全生产标准化建设工作机制;2018年5月1日起,相继颁布了《交通运输企业安全生产标准化建设基本规范》一系列行业标准,将原考评指标上升为行业规范,有效提升了标准化建设工作的科学性、专业性和指导性。为做好新标准的实施,我们组织标准起草单位和专家编制了系列标准的实施细则和汽车租赁、巡游出租车、港口罐区和港口理货仓储等领域的安全生产标准化建设试行细则。

本书由樊志强担任主编,赵远航、乔希宁担任副主编,李芳丽、安玉林、翟自军、王姝妍、王谦、乔玉祥、赵颖、方义平、李龙、刘宇鹏、李有亮、李晖、王莹、谭光辉参与编写。

新编制的《道路货物运输站场安全生产标准化评价实施细则》力求科学严谨、精准精细、便于操作,但由于编写安排进度较紧,难免出现一些错误和问题,希望大家积极批评指正,为交通运输企业安全生产标准化建设基本规范和实施细则的优化、完善贡献力量,持续推进行业安全发展,为交通强国建设保驾护航!

编委会
2018 年 11 月

目 录 MULU

第一章　道路货物运输站场安全生产标准化评价实施细则 ··· 1

第二章　道路货物运输站场安全生产标准化评价扣分表 ··· 139

附件1　《交通运输企业安全生产标准化建设基本规范　第5部分:道路货物运输站场》(JT/T 1180.5—2018) ········ 164

附件2　交通运输部关于印发《交通运输企业安全生产标准化建设评价管理办法》的通知 ································· 175

第一章 道路货物运输站场安全生产标准化评价实施细则

评价类目	评价项目	释　义	评价方法	标准分值	评价标准	得分
一、安全目标（30分）	①企业应结合实际制定安全生产目标。安全生产目标应： a. 符合或严于相关法律法规的要求； b. 形成文件，并得到本企业所有从业人员的贯彻和实施； c. 与企业的职业安全健康风险相适应； d. 具有可考核性，体现企业持续改进的承诺； e. 便于企业员工及相关方获得	安全生产目标，是在一定条件下，一定时间内完成安全活动所达到的某一预期目的的指标。安全生产目标的制定应切合企业实际，要求内容明确、具体、量化，有时限性。 安全生产目标应以文件形式正式发布，使全体员工和相关方获知	**查资料：** 1. 安全生产目标； 2. 查发布安全生产目标的文件； 3. 查贯彻和实施安全生产目标的相关资料。 **询问：** 抽查企业员工3～5人是否了解本企业安全生产目标。 **现场检查：** 安全生产目标是否充分公开，便于企业员工及相关方获得	5 ★★★	1. 应制定符合要求的安全生产目标； 2. 安全生产目标应正式发布、贯彻和实施； 3. 企业员工应了解安全生产目标； 4. 安全生产目标应充分公开，便于员工及相关方获得	

续上表

评价类目	评价项目	释义	评价方法	标准分值	评价标准	得分
一、安全目标（30分）	②企业应根据安全生产目标制定可考核的安全生产工作指标,指标应不低于上级下达的目标	安全生产工作指标:指量化的安全生产指标,又称控制指标。对安全生产目标进行量化,使其更具体化、更有针对性,便于企业对安全生产目标的实施、考核和统计的开展。企业制定的指标应不低于上级有关部门下达的安全考核指标,并且符合法律法规的要求	查资料: 1.查安全生产工作指标的文件,指标应可考核; 2.查上级单位下达的安全生产目标	5	1.未制定可考核的安全生产工作指标,不得分; 2.制定的安全生产工作指标低于上级单位下达的安全生产目标,不得分; 3.制定的安全生产工作指标不合理、与企业实际情况不符,每处扣1分	
	③企业应制定实现安全生产目标和工作指标的措施	企业安全生产目标和安全生产工作指标明确后,要有一系列的措施来保证安全生产目标和安全生产工作指标的实现。措施的制定应该具体、责任明确。 措施一般包括:完善安全管理机构,明确安全生产责任,资金保障,建立安全生产制度体系,安全教育与培训,设备设施维护,应急训练与演习等	查资料: 查实现安全生产目标和工作指标的措施文件	5	1.未制定实现安全生产目标和工作指标的措施,扣5分; 2.制定的措施不具体、不可行或责任不明确,每项扣1分	

续上表

评价类目	评价项目	释义	评价方法	标准分值	评价标准	得分
一、安全目标（30分）	④企业应制定安全生产年度计划和专项活动方案，并严格执行	按照中长期规划目标和要求，企业要逐年推进安全生产工作的进步，特别是要针对某些突出的安全生产问题和隐患，通过制定年度计划和年度专项活动方案，进一步细化工作，使其更具有针对性和操作性，包括指导思想、活动主题、组织机构、工作目标、时间节点与具体活动内容等	查资料： 1.查安全生产年度计划和专项活动方案； 2.查安全生产年度计划和专项活动方案执行的相关记录和总结材料等	5	1.未制定安全生产年度计划，扣3分； 2.未制定安全生产专项活动方案，扣2分； 3.执行安全生产年度计划和方案的记录和总结材料不完整，每项扣1分	
	⑤企业应将安全生产工作指标进行细化和分解，制定阶段性的安全生产控制指标，并予以考核	企业要结合实际，按照组织结构及下属单位在安全生产中可能面临的风险大小，将企业年度的安全生产目标转化成阶段性的安全生产控制指标，并逐级细化分解，落实到每个单位、部门、班组和岗位。通过对指标进行考核，以激励全体职工的积极性，从而保证指标的完成	查资料： 1.查细化和分解后的安全生产工作指标，应根据企业实际情况进行细化并分解到各基层单位、部门和岗位； 2.查企业制定的阶段性安全生产控制指标； 3.查各项安全生产指标的考核记录	5	1.未细化和分解安全生产工作指标，扣2分； 2.安全生产工作指标细化和分解不合理、不符合企业实际情况或不完善，每处扣1分； 3.未制定阶段性的安全生产控制指标，扣1分； 4.未对安全生产指标完成情况进行考核或考核不完整不合理的，每项扣1分	

续上表

评价类目	评价项目	释义	评价方法	标准分值	评价标准	得分
一、安全目标（30分）	⑥企业应建立安全生产目标考核与奖惩的相关制度，并定期对安全生产目标完成情况予以考核与奖惩	考核奖惩是提升安全管理最有效方法之一； 激励约束、奖优罚劣，企业要制定相应的规章制度或管理办法明确考核与奖惩的程序和要求； 制度应当明确考核、奖惩的对象，考核的时限，考核的程序与方法，考核的具体内容，奖惩条件等，并要明确考核的责任部门，保证考核和奖惩工作的实施； 安全生产考核与奖惩要规范、合理、有效实施； 企业要根据安全生产目标考核与奖惩制度的规定，对所有安全生产部门和岗位目标完成情况进行考核，重点考核企业安全生产主要负责人（项目负责人），定期一般分为月度跟踪、季度分析、半年检查和年度考核，并奖惩兑现	**查资料**： 1. 查安全生产目标考核与奖惩管理规定； 2. 查安全生产目标考核记录文件； 3. 查奖惩兑现证明材料	5	1. 未制定安全生产目标与奖惩管理规定，扣2分； 2. 制定的安全生产目标与奖惩制度内容不完善，扣1~2分； 3. 未进行安全生产目标考核或奖惩的，扣3分	

续上表

评价类目	评价项目	释义	评价方法	标准分值	评价标准	得分
二、管理机构和人员（35分）	1.安全生产管理机构	①企业应建立以企业主要负责人为领导的安全生产委员会（或安全生产领导小组），并应职责明确。应建立健全从安全生产委员会（或安全生产领导小组）至基层班组的安全生产管理网络	安全生产委员会（或安全生产领导小组）是企业安全生产管理的最高决策机构。应由企业安全生产第一责任人、分管领导与有关部门人员组成	**查资料：** 1.查公司成立安全生产委员会，下属各分支机构成立安全生产领导小组的文件，安全生产委员会职责明确； 2.查公司安全生产管理网络图	10 ★★	1.未成立安全生产委员会（或领导小组），不得分； 2.未明确安全生产委员会（或领导小组）职责，扣3分； 3.未编制安全生产管理网络图，或网络图未全面覆盖基层班组，扣2分	

续上表

评价类目	评价项目		释义	评价方法	标准分值	评价标准	得分
二、管理机构和人员（35分）	1.安全生产管理机构	②企业应按规定设置与企业规模相适应的安全生产管理机构	安全生产管理机构是企业内部设置的对安全生产工作进行综合协调和监督的综合管理部门。 矿山、金属冶炼、建筑施工、道路运输单位和危险物品的生产、经营、储存单位,应当设置安全生产管理机构或者配备专职安全生产管理人员。前款规定以外的其他生产经营单位,从业人员超过100人的,应当设置安全生产管理机构或者配备专职安全生产管理人员;从业人员在100人以下的,应当配备专职或者兼职的安全生产管理人员	**查资料：** 1.查设置安全生产管理机构的文件; 2.设置的安全生产管理机构与企业规模相适应; 3.查安全生产管理机构职责/工作制度等文件	5 ★★★	1.按规定设置安全生产管理机构; 2.设置的安全生产管理机构与企业规模相适应; 3.应明确安全生产管理机构职责	

续上表

评价类目	评价项目		释义	评价方法	标准分值	评价标准	得分
二、管理机构和人员（35分）	1.安全生产管理机构	③企业应定期召开安全生产委员会或安全生产领导小组会议。安全生产管理机构或下属分支机构每月至少召开一次安全工作例会	安全生产委员会会议，每季度至少一次，研究解决安全生产中的重大问题，安排阶段性安全生产工作。 安全工作例会，每月至少一次，主要是落实安委会会议的会议决定，总结上一阶段的各项安全生产工作完成情况，传达上级对安全生产的指令、文件精神及安全生产相关措施，对安全工作进行部署、对从业人员进行安全思想教育等。各分支机构和部门汇报安全生产情况和存在的问题	**查资料：** 1.查安全生产工作例会制度； 2.查安全生产委员会会议资料，包括会议通知、会议签到表、会议记录、会议纪要等； 3.查安全生产管理机构召开安全生产工作例会的资料，包括会议通知、会议签到表、会议记录等	5 AR	1.未制定安全生产例会制度，扣3分； 2.安全生产制度不完善、内容不全面，扣0.5分； 3.无安全生产会议记录、会议纪要、签到表等，每项扣0.5分	

续上表

评价类目		评价项目	释　义	评价方法	标准分值	评价标准	得分
二、管理机构和人员（35分）	2.安全管理人员	①企业应按规定配备专（兼）职安全生产和应急管理人员	安全生产管理人员是指生产经营单位中从事安全生产管理工作的专职或兼职人员	**查资料：** 1.查任命专兼职安全生产管理人员和应急管理人员的文件； 2.查行业对安全生产管理人员/应急管理人员配备要求的文件	10 ★★★	1.应配备专兼职安全生产管理人员和应急人员； 2.安全生产管理人员和应急管理人员的配备应满足行业要求	
		②企业的主要负责人和安全生产管理人员应具备与本企业所从事的生产经营活动相适应的安全生产和职业卫生知识与能力，并保持安全生产管理人员的相对稳定	企业的主要负责人和安全生产管理人员必须具备与本企业所从事的生产经营活动相适应的安全生产和职业卫生知识与能力，同时具有领导安全生产管理工作和处理安全生产事故的能力	**查资料：** 1.企业主要负责人和安全生产管理人员岗位任职能力要求； 2.安全生产管理岗位任职能力评价、培训及考核记录； 3.安全生产管理人员劳动合同	5	1.未制定安全生产岗位任职能力要求，扣3； 2.安全生产管理岗位任职能力评价、培训、考核，记录不全，每项扣1分； 3.安全生产管理人员劳动合同期限未满足一年期以上的，每人扣2分	

续上表

评价类目	评价项目		释　义	评价方法	标准分值	评价标准	得分
三、安全责任体系(40分)	1.健全责任制	①企业应建立安全生产责任制,明确安全生产委员会(或安全生产领导小组)、安全生产管理机构、各职能部门、生产基层单位的安全生产职责,层层签订安全生产责任书,并落实到位	安全生产法第四条规定:生产经营单位必须遵守本法和其他有关安全生产的法律、法规,加强安全生产管理,建立、健全安全生产责任制和安全生产规章制度,改善安全生产条件,推进安全生产标准化建设,提高安全生产水平,确保安全生产。安全生产责任制是企业安全生产的核心,是安全生产管理的源头。安全生产责任制应明确规定企业领导层、管理人员及所有从业人员、各管理部门、各级单位、岗位对安全生产应负的责任、权利和义务。企业的安全生产责任制应覆盖企业的所有方面,通过文件或有关规定发布,层层签订安全生产责任制,明确全体人员的安全生产责任	查资料: 1.查企业组织机构、各部门、岗位职责文件; 2.查安全生产委员会任命及职责规定文件; 3.抽查安全生产管理机构、主要职能部门、基层单位、重要岗位安全生产责任书。 询问: 重要安全生产管理人员、岗位员工至少三人是否清楚各自安全生产职责、责任书签订情况	10 AR	1.未制定部门和岗位职责,不得分;缺少一个部门扣3分;缺少一个岗位扣1分; 2.未签订安全生产责任书,不得分;缺一份,扣1分; 3.员工不明确自身安全职责,每人扣1分	

续上表

评价类目	评价项目	释　　义	评价方法	标准分值	评价标准	得分
三、安全责任体系(40分)	1.健全责任制	②企业主要负责人或实际控制人是本企业安全生产第一责任人,对本企业安全生产工作全面负责,负全面组织领导、管理责任和法律责任,并履行安全生产的责任和义务	企业安全生产第一责任人一般为企业总经理或总裁,根据安全生产法相关规定,生产经营单位的主要负责人对本单位的安全生产工作全面负责。 生产经营单位的主要负责人对本单位安全生产工作负有下列职责: ①建立、健全本单位安全生产责任制; ②组织制定本单位安全生产规章制度和操作规程; ③保证本单位安全生产投入的有效实施; ④督促、检查本单位的安全生产工作,及时消除生产安全事故隐患; ⑤组织制定并实施本单位的生产安全事故应急救援预案; ⑥及时、如实报告生产安全事故; ⑦组织制定并实施本单位安全生产教育和培训计划	**查资料:** 1.核查企业营业执照、经营资质等材料,确定企业主要负责人或实际控制人; 2.查安全生产责任制文件。 **询问:** 主要负责人或实际控制人是否明确应承担的安全生产责任	5 ★★★	1.主要负责人或实际控制人职责应符合安全生产法规要求; 2.主要负责人或实际控制人应熟知其安全责任	

续上表

评价类目		评价项目	释 义	评价方法	标准分值	评价标准	得分
三、安全责任体系(40分)	1.健全责任制	③分管安全生产的企业负责人是安全生产的重要负责人,应协助企业安全生产第一责任人落实各项安全生产法律法规、标准,统筹协调和综合管理企业的安全生产工作,对本企业安全生产负重要管理责任	安全生产分管负责人为企业任命或指派,协助主要负责人落实各项安全生产法律法规、标准规范等,统筹协调和综合管理企业的安全生产工作,对企业安全生产工作负综合管理领导责任。可以是企业总经理,分管安全生产的副总经理等	查资料:查安全生产分管负责人的任命或职责分工文件。询问:1.分管负责人应承担的安全生产职责;履职情况;2.跟踪检查相关履职证据	5	1.未明确安全生产分管负责人,不得分;相关职责不充分、不明确,扣2分;2.安全生产分管负责人不清楚相应职责,不得分;未履行职责,每项扣2分;相关履职证据不充分,每项扣1分	
		④其他负责人及员工实行"一岗双责",对业务范围内的安全生产工作负责	企业实行安全生产"一岗双责",是指不仅要对所在岗位承担的具体业务工作负责,还要对所在岗位相应的安全生产负责	查资料:企业岗位职责文件。询问:抽查管理、现场操作等岗位人员不少于3人,询问各自岗位职责	10	1.未明确岗位分工、职责的,不得分;2.一岗双责体现不合理、不充分,每岗扣2分;3.人员不熟悉一岗双责,每人次扣2分	

续上表

评价类目	评价项目	释义	评价方法	标准分值	评价标准	得分
三、安全责任体系(40分)	2.责任制考评	企业应根据安全生产责任进行定期考核和奖惩,并公布考评结果和奖惩情况	企业应建立安全生产责任考核机制,制定安全生产责任考核制度。建立以岗位安全绩效考核为重点,以落实岗位安全责任为主线,以杜绝岗位安全责任事故为目标的全员安全生产责任考核办法。加大安全生产责任在员工绩效工资、晋级、评先评优等考核中的权重,重大责任事项实行"一票否决"。对各级管理部门、管理人员及从业人员安全职责的履行情况和安全生产责任制的实现情况进行定期考核,予以奖惩	查资料:开展安全生产责任制考核、奖惩相关的文件;奖惩兑现记录、文件等	10 ★★	1.未开展安全生产责任制考核,不得分;考核不合理、不全面等,每项扣2分; 2.未依据安全生产考核结果进行奖惩,扣5分; 3.未公布安全生产考核结果和奖惩情况,扣3分	

续上表

评价类目	评价项目		释义	评价方法	标准分值	评价标准	得分
四、法律法规与安全管理制度(70分)	1.资质	企业的《企业法人营业执照》《道路运输经营许可证》等合法有效,经营范围符合要求	合法有效的《企业法人营业执照》《道路运输经营许可证》应包括以下要求： ①企业登记机关符合《中华人民共和国公司登记管理条例》管辖规定； ②《道路运输经营许可证》《企业法人营业执照》名称一致； ③《企业法人营业执照》登记的经营范围中包括《道路运输经营许可证》核定的经营范围； ④证件处于有效期内； ⑤副本上载有有效的年度检验记录或考核记录	**查资料：** 1.核查《道路运输经营许可证》和《企业法人营业执照》原件是否合法,是否在有效期内,经营范围是否符合要求； 2.行业主管部门质量信誉考核文件。 **现场检查：** 企业实际经营范围	5 ★★★	1.企业应具备合法有效的营业执照、经营许可证、资质证书及法律规定的其他经营许可证书,按规定通过年审； 2.企业应在获准的经营资质许可范围内开展经营活动	

续上表

评价类目	评价项目	释义	评价方法	标准分值	评价标准	得分
四、法律法规与安全管理制度(70分)	2.法律法规	①企业应制定及时识别、获取适用的安全生产法律法规、规范标准及其他要求的管理制度,明确责任部门,建立清单和文本(或电子)档案,并定期发布	企业应及时识别和获取本企业适用的安全生产法律法规、标准规范,并跟踪、掌握有关法律法规、标准规范的修订情况	查资料: 1.查企业管理制度文件; 2.查适用的法律法规、标准及其他要求的清单、文本(或电子)档案、台账或数据库等; 3.查法规清单(或文本)定期更新并发布的记录	5	1.未建立识别和获取适用的安全生产法律法规、标准及其他要求的管理制度的,扣2分;未明确责任部门,扣2分;未明确获取渠道或方式等,缺少一项扣1分; 2.未建立法规清单和文本档案的,扣3分;法律法规、标准及其他要求存在遗漏、不适用、过期、失效等的,每项扣1分; 3.未及时发布法律法规、标准及其他要求的,扣2分	

续上表

评价类目	评价项目	释义	评价方法	标准分值	评价标准	得分
四、法律法规与安全管理制度（70分）	2.法律法规 ②企业应及时将适用的安全生产法律、法规、标准及其他要求对从业人员进行宣传和培训,提高从业人员的守法意识,规范安全生产行为	企业应将安全生产法律法规的培训学习要求,纳入到企业制定的安全学习培训制度中,将适用的安全生产法律法规、标准规范及其他要求及时传达给从业人员。企业应对新的重要的法律法规进行专门培训,并对学习情况进行考核	查资料： 1.查安全生产法律法规、标准及其他要求宣传、培训相关记录资料； 2.查安全生产法律法规、标准及其他要求培训记录、签到表等相关证明材料	5	1.无安全生产法律法规、标准及其他要求宣传、培训相关记录资料的,扣3分； 2.无安全生产法律法规、标准及其他要求培训记录、签到表等相关证明材料的,扣2分	

续上表

评价类目	评价项目		释义	评价方法	标准分值	评价标准	得分
四、法律法规与安全管理制度(70分)	3.安全管理制度	①企业应制定符合法律法规、标准规定并符合企业实际的安全管理制度,制度至少应包括: a.安全生产责任制; b.安全生产考核和奖惩制度; c.安全生产工作会议制度; d.法律法规识别与获取管理制度; e.文件和档案管理制度; f.安全生产资金投入及费用管理制度; g.设备设施管理制度; h.特种设备管理制度; i.安全培训教育管理制度;	安全生产管理制度,是企业依据国家有关法律、法规、标准,结合安全生产工作实际,以企业名义起草颁发的有关安全生产的规范性文件。 企业是安全生产的责任主体,建立健全安全管理制度是企业的法定责任,是规范从业人员的生产作业行为,保证生产经营活动安全、顺利进行的重要手段。《中华人民共和国安全生产法》第四条规定,生产经营单位必须遵守本法和其他有关安全生产法律、法规,加强安全生产管理,建立健全安全生产责任制度,完善安全生产条件,确保安全生产。企业应制定健全的安全生产管理制度,规范从业人员的安全行为,并将制度发放到有关的工作岗位	**查资料:** 1.查适用的法律法规和标准和安全管理规章制度; 2.查企业安全生产规章制度签发文件。 **询问:** 1.询问有关人员对法律、法规和标准规范的了解、掌握情况; 2.询问有关人员对于企业安全生产管理制度熟知情况。 **现场检查:** 法律、法规、标准及企业安全管理制度的遵守情况	5 ★★★	1.安全管理制度未以文件形式发布的,不得分; 2.每缺一项制度,扣2分(其他评价内容中已有的不重复扣分); 3.企业安全生产管理制度内容不符合规定或与实际不符的,每项制度扣1分; 4.无企业安全生产管理制度执行记录的,每项制度扣1分	

续上表

评价类目		评价项目	释 义	评价方法	标准分值	评 价 标 准	得分
四、法律法规与安全管理制度（70分）	3.安全管理制度	j.安全生产风险管理制度； k.安全检查管理制度； l.隐患排查与治理管理制度； m.货物装卸、搬运及储存安全管理制度； n.特种作业人员管理制度； o.安全值班管理制度； p.消防管理制度； q.相关方安全管理制度； r.职业健康管理制度； s.劳动防护用品管理制度； t.应急救援管理制度； u.事故管理制度					

续上表

评价类目	评价项目		释义	评价方法	标准分值	评价标准	得分
四、法律法规与安全管理制度（70分）	3.安全管理制度	②企业制定的安全生产管理制度应符合国家现行的法律法规的要求	安全生产管理制度是企业依据国家有关法律、法规、标准并结合安全生产工作实际，以企业名义起草颁发的有关安全生产的规范性文件	**查资料：**核查企业安全生产管理规章制度与相应法律法规标准规范的符合性	5	企业安全生产管理规章制度与法规要求不符，每处扣1分	
		③企业应组织从业人员进行安全生产管理制度的学习和培训	企业应组织从业人员进行安全生产管理制度的学习、培训或宣贯，使其了解相关的制度要求	**查资料：**查阅管理制度发放，相关的培训、会议、宣贯等记录资料	5	1.未开展企业安全生产管理制度培训、学习、交流或宣贯，每缺一项扣1分；2.企业安全生产管理制度发放不到位，缺一项扣1分	
		④企业应将相关的安全管理制度及时传达给相关方	企业相关制度应告知相关方	**查资料：**1.查阅相关方管理制度；2.将相关规章制度传达给相关方的记录或文件	5	1.无相应企业安全生产管理制度不得分；2.未将企业安全生产管理制度告知相关方，不得分	

续上表

评价类目	评价项目		释 义	评价方法	标准分值	评 价 标 准	得分
四、法律法规与安全管理制度(70分)	4.操作规程	①企业应根据货运站场的装卸/储存工艺、设备设施的特点和货物的种类及危险特性编制各项安全生产操作规程并及时修订。安全生产操作规程包括： a.装卸工安全操作规程； b.调度员安全操作规程； c.站务员安全操作规程； d.出站车辆安全检查操作规程； e.机械装卸安全操作规程； f.电气设备使用安全操作规程； g.货物分类存放安全操作规程； h.其他	安全操作规程是指在生产活动中，为消除能导致人身伤亡或造成设备、财产损失以及危害环境的因素而制定的具体技术要求和实施程序的统一规定。 企业应根据生产特点，组织制定岗位安全操作规程，发放到相关岗位，保证其有效实施	**查资料：** 1.查企业有各岗位的安全生产操作规程，并有相应的修订制度，且安全生产操作规程符合货运站相关工艺、特点及货物种类特性等要求； 2.查所制定的岗位安全生产操作规程是否满足国家和行业的相关标准规范	5 ★★★	1.应制定现场作业岗位操作规程，操作规程应符合相关标准规范要求，并符合企业实际状况； 2.操作规程应包含安全作业相关要求	

续上表

评价类目	评价项目	释 义	评价方法	标准分值	评价标准	得分
四、法律法规与安全管理制度(70分)	4.操作规程	②企业操作规程中应明确以下事项： a.操作前的检查及准备工作的程序和方法； b.操作中严禁的行为； c.必须的操作步骤和操作方法； d.操作注意事项； e.正确使用劳动防护用品的要求； f.出现异常情况时的应急措施	企业应根据生产特点，组织制定岗位安全操作规程，发放到相关岗位，保证其有效实施。操作规程中应明确：操作前的检查及准备工作的程序和方法；操作中严禁的行为；必须的操作步骤和操作方法；操作注意事项；正确使用劳动防护用品的要求；出现异常情况时的应急措施	查资料： 1.查各岗位安全生产操作规程中是否包含所有安全操作注意事项； 2.查企业新设备、新工艺等运营前是否编制合格、合适的操作规程。 询问： 询问企业有关人员对操作规程中相关事项的了解、掌握情况。 现场检查： 岗位安全生产操作规程的遵守情况	5	1.岗位安全生产操作规程无明确相关注意事项，缺一项扣一分； 2.新设备、新工艺运营前无发放岗位安全操作规程，扣2分； 3.企业有关人员不了解本岗位安全操作规程相关注意事项，扣2分	

续上表

评价类目	评价项目		释义	评价方法	标准分值	评价标准	得分
四、法律法规与安全管理制度(70分)	4.操作规程	③企业应在新技术、新材料、新工艺、新设备设施投产或投用前,组织编制相应的操作规程,保证其适用性	生产经营单位采用新工艺、新技术、新材料或者使用新设备,必须了解、掌握其安全技术特性,采取有效的安全防护措施,根据实际状况编制相应的操作规程,并保证其适用性	现场检查结合询问:企业新技术、新材料、新工艺、新设备设施投产或使用情况。查资料:"四新"相关的安全操作规程,评价其符合性、适用性	5	1.未编制或未在"四新"投产投用前编制相应岗位安全操作规程,每项扣2分; 2.安全生产操作规程存在不符合、不适用的,每处扣1分; 3.操作规程未包含安全作业相关要求,缺一项扣1分	
		④企业应将操作规程发放到相关岗位,并组织相关岗位人员进行培训	岗位安全操作规程应以纸质版发放到岗位人员,宜将规程的主要内容制成目视化看板、展板等放置在作业现场,并组织岗位安全操作规程的培训教育。新员工、转复岗人员、"四新"作业人员到岗位作业前,进行岗位安全操作规程的培训教育后方可上岗,其他岗位作业人员应定期进行安全操作规程的再教育,以确保每个岗位作业人员熟悉并执行本岗位安全操作规程	查资料:查岗位安全生产操作规程的发放记录;学习培训记录。现场检查:现场操作重点岗位是否配备相应的安全生产岗位操作规程。询问:抽查现场作业重点岗位人员不少于3人,是否熟悉本岗位安全生产操作规程	5	1.岗位安全操作规程未及时发放或发放不到位的,每个岗位扣2分; 2.未开展岗位安全生产操作培训学习的,每人次扣1分; 3.重要岗位安全生产操作人员不熟悉岗位操作规程的,每人次扣2分	

续上表

评价类目	评价项目		释义	评价方法	标准分值	评价标准	得分
四、法律法规与安全管理制度(70分)	5.修订	企业应定期对安全管理制度和操作规程进行评审,并根据评审结论及时进行修订,确保其有效性、适应性和符合性。在发生以下情况时,应及时对相关的管理制度或操作规程进行评审、修订: ①国家相关法律、法规、规程、标准废止、修订或新颁布; ②企业归属、体制、规模发生重大变化;	任何制度都要经历一个从建立到不断完善的过程,任何制度的内容和形式都需要根据企业经营的变化而不断废止和更新。及时修订企业规章制度有助于规范化管理企业,是企业各项工作正常有效开展的基础,是企业健康有序发展的有力保障,是提高工作效率和作质量,降低业务运作风险的重要管理手段。对制度的有效性、适宜性、充分性进行不断的评审与更新,是企业不可忽视的工作	**现场检查结合询问**: 了解是否发生需要修订制度或规程的情况。 **查资料**: 对安全生产管理制度和操作规程进行有效性、实用性、符合性评审和修订的相关记录	5	1.未对安全生产管理制度、安全生产操作规程定期进行有效性、符合性评审,导致不满足法律法规要求的,每项扣3分; 2.未及时开展修订的,每项扣1分	

续上表

评价类目		评价项目	释　义	评价方法	标准分值	评价标准	得分
四、法律法规与安全管理制度(70分)	5.修订		③生产设施新建、改建、扩建规模、作业环境已发生重大改变； ④设备设施发生变更； ⑤作业工艺、危险有害特性发生变化； ⑥政府相关行政部门提出整改意见； ⑦安全评价、风险评估、体系认证、分析事故原因、安全检查发现涉及规章制度、操作规程的问题； ⑧其他相关事项				

续上表

评价类目	评价项目	释义	评价方法	标准分值	评价标准	得分
四、法律法规与安全管理制度（70分）	6.制度执行及档案管理 ①企业每年至少一次对安全生产法律法规、标准规范、规章制度、操作规程的执行情况进行检查	企业每年至少一次组织对安全生产法律法规、标准规范、规章制度、操作规程的执行情况进行检查	查资料：1.对适用的安全生产法律、法规、标准、规章制度、操作规程的执行情况进行检查或评价的记录、报告等；2.对检查评价出的不符合项进行原因分析，制定相应纠正措施并组织实施的记录或证据资料	5	1.未开展法规符合性检查或评价的，不得分；检查内容不齐全不完善的，每项扣1分；2.对检查或评价出的不符合项未进行原因分析的，每项扣1分；3.未制定纠正措施，或纠正措施不落实，每项扣1分	
	②企业应建立和完善各类台账和档案，并按要求及时报送有关资料和信息	企业应建立主要安全生产过程、检查的安全记录档案，并加强对安全记录的有效管理	查资料：1.查安全生产过程的各类记录、台账和档案等；2.查企业按要求报送的有关信息和资料	5 AR	1.未按照法律法规要求建立台账和档案的，每项扣0.5分；2.记录台账等保存不完善，每缺一项扣0.5分；3.未及时报送有关资料和信息，每次扣0.5分	

续上表

评价类目	评价项目		释　义	评价方法	标准分值	评价标准	得分
五、安全投入（40分）	1.资金投入	①企业应按规定足额提取（列支）安全生产费用	根据《中华人民共和国安全生产法》第二十条规定：生产经营单位应当具备的安全生产条件所必需的资金投入，由生产经营单位的决策机构、主要负责人或者个人经营的投资人予以保证，并对由于安全生产所必需的资金投入不足导致的后果承担责任。有关生产经营单位应当按照规定提取和使用安全生产费用，专门用于改善安全生产条件。安全生产费用在成本中据实列支。提取标准应符合《企业安全生产费用提取和使用管理办法》	**查资料：** 1.查安全生产费用管理制度； 2.查安全生产费用台账； 3.查财务安全生产费用列支记录	15 ★★	1.应有安全生产费用管理制度，制度中应包含职责、提取比例、使用范围、过程管理、监督检查等内容，每缺一项扣2分； 2.安全生产费用提取比例应满足规定要求，不符合要求不得分	

续上表

评价类目	评价项目		释 义	评价方法	标准分值	评价标准	得分
五、安全投入(40分)	1.资金投入	②安全生产经费应专款专用,企业应保证安全生产投入的有效实施	《企业安全生产费用提取和使用管理办法》规定:企业提取的安全费用应当专户核算,按规定范围安排使用,不得挤占、挪用。年度结余资金结转下年度使用,当年计提安全费用不足的,超出部分按正常成本费用渠道列支	**查资料:** 1.查安全生产费用管理制度; 2.查安全生产费用台账; 3.查安全生产费用使用原始票据。 **询问:** 安全管理部门和财务管理部门对安全生产费用使用情况	10	1.未明确责任部门或专人负责安全生产费用管理的,扣2分; 2.未按规定范围使用安全生产费用(超范围使用或挪用),每项扣2分	

续上表

评价类目	评价项目		释义	评价方法	标准分值	评价标准	得分
五、安全投入（40分）	1.资金投入	③企业应及时投入满足安全生产条件的所需资金	根据《中华人民共和国安全生产法》第二十条规定，生产经营单位应当具备的安全生产条件所必需的资金投入，由生产经营单位的决策机构、主要负责人或者个人经营的投资人予以保证，并对由于安全生产所必需的资金投入不足导致的后果承担责任。 《企业安全生产费用提取和使用管理办法》第二十六条规定：在本办法规定的使用范围内，企业应当将安全费用优先用于满足安全生产监督管理部门、煤矿安全监察机构以及行业主管部门对企业安全生产提出的整改措施或者达到安全生产标准所需的支出。 《企业安全生产费用提取和使用管理办法》第三十二条规定：企业应当加强安全费用管理，编制年度安全费用提取和使用计划，纳入企业财务预算	查资料： 1.查安全生产费用使用计划； 2.查安全生产费用台账。 询问： 1.安全生产费用管理部门对安全生产费用使用情况； 2.生产管理部门对安全生产费用使用情况。 现场检查： 国家法律法规、标准规范要求的安全防护设备设施、劳动防护用品、人员设置、应急等配备及投入情况	5 AR	1.未制定安全生产费用使用计划的，扣1分； 2.安全生产费用使用计划内容缺失的，每缺一个方面扣0.5分； 3.未按照法律法规、标准规范要求和监管部门提出的安全措施进行投入的，每项扣0.5分	

续上表

评价类目	评价项目		释义	评价方法	标准分值	评价标准	得分
五、安全投入（40分）	2.费用管理	①企业应建立安全生产费用台账	《企业安全生产费用提取和使用管理办法》第三十六条规定：企业未按本办法提取和使用安全费用的，安全生产监督管理部门、煤矿安全监察机构和行业主管部门会同财政部门责令其限期改正，并依照相关法律法规进行处理、处罚。 为有效地管理安全生产专项经费的使用，保证专款专用，企业应建立安全费用使用台账，一方面便于管理部门的监督管理，一方面有利于安全生产投入的统计分析，为以后该项费用的提取及管理使用提供参考依据，更有效地改善安全生产条件	查资料： 1.查安全生产费用台账； 2.查财务支出证明或相关证明材料	5	1.未建立安全生产费用台账，不得分； 2.安全生产费用提取和使用台账、使用凭证不一致的，每项扣1分； 3.财务系统或报表中未完整体现安全生产费用提取、使用、结余等归类统计管理的，扣2分	

续上表

评价类目		评价项目	释　义	评价方法	标准分值	评价标准	得分
五、安全投入（40分）	2.费用管理	②企业应跟踪、监督安全生产费用使用情况。企业安全生产费用应按照"企业提取、政府监管、确保需要、规范使用"的原则进行管理，安全生产费用应按照以下范围使用： a.完善、改造和维护安全防护设施设备支出（不含"三同时"要求初期投入的安全设施），包括交通运输设施设备和装卸工具安全状况检测及维护系统、运输设施设备和装卸工具附属安全设备等支出； b.配备、维护应急救援器材、设备支出和应急演练支出；	《企业安全生产费用提取和使用管理办法》第三十五条规定：各级财政部门、安全生产监督管理部门、煤矿安全监察机构和有关行业主管部门依法对企业安全费用提取、使用和管理进行监督检查。 企业应依据使用范围定期对安全生产费用使用情况进行监督检查，确保专款专用	**查资料：** 安全生产专项经费使用情况的监督检查（或审计）记录	5	1.企业未规定定期对安全生产费用使用情况进行监督检查的，扣2分； 2.企业无安全生产费用监督检查记录的，每缺1次扣1分	

续上表

评价类目	评价项目	释义	评价方法	标准分值	评价标准	得分
五、安全投入（40分）	2.费用管理	c.开展重大危险源和事故隐患评估、监控和整改支出； d.安全生产检查、评价（不包括新建、改建、扩建项目安全评价）、咨询和标准化建设支出； e.配备和更新现场作业人员安全防护用品支出； f.安全生产宣传、教育、培训支出； g.安全生产适用的新技术、新标准、新工艺、新装备的推广应用支出； h.安全设施及特种设备检测检验支出； i.其他与安全生产直接相关的支出				

续上表

评价类目	评价项目		释义	评价方法	标准分值	评价标准	得分
六、装备设施（80分）	1.安全设施及管理	①企业应具备满足安全生产需要的场地和设备设施，有与其经营规模相适应的货运站房、生产调度办公室、信息管理中心、仓库、仓储库棚、场地和道路等设施	《中华人民共和国安全生产法》第十七条规定：生产经营单位应当具备本法和有关法律、行政法规和国家标准或者行业标准规定的安全生产条件；不具备安全生产条件的，不得从事生产经营活动。交通运输部《道路货物运输及站场管理规定》对申请从事货运站经营的要求其应有"与其经营规模相适应的货运站房、生产调度办公室、信息管理中心、仓库、仓储库棚、场地和道路等设施，并经有关部门组织的工程竣工验收合格。" 作为道路货物运输站场经营企业，应该结合业务范围和规模，按照《公路货运站站级标	**查资料：** 1.查验企业安全生产经营场地、设施设备权属证明；（设施主要包括货运站房、生产调度办公室、信息管理中心、仓库、仓储库棚、场地和道路等）； 2.查看安全生产基础设施、设备管理制度及相关台账、档案等。 **现场检查：** 根据站级查验货运站设施设备是否具备并符合《公路货运站站级标准及建设要求》（JT/T 402—2016）	15 AR	1.安全生产经营场地、设施设备无权属证明等相关资料的，扣5分； 2.安全生产设施设备无相关管理制度的，扣2分；无相关台账的，扣2分；无相关档案的，扣2分； 3.安全生产基本设施设备每少一项扣1分	

续上表

评价类目	评价项目	释　义	评价方法	标准分值	评价标准	得分
六、装备设施（80分）	1.安全设施及管理	准及建设要求》（JT/T 402—2016）设施构成和建设要求建立相应设施设备。 　　汽车货运站设施主要包括生产设施、生产辅助设施和生活服务设施。其中主要生产设施有站房、生产调度办公室和信息管理中心等业务办公设施，转库、零担库、集装箱拆装箱库、仓储库等库（棚）设施，集装箱堆场、装卸场或作业区、货场和停车场等场地设施，铁路专用线和站内道路等道路设施。生产辅助设施主要有维护设施、动力设施、供水供热设施、环保设施等。生活服务设施主要包括食宿设施和其他服务设施				

续上表

评价类目	评价项目		释义	评价方法	标准分值	评价标准	得分
六、装备设施（80分）	1.安全设施及管理	②企业应GB 50140—2005的规定配足有效的安全和消防设施、设备及器材，并按要求进行定期维护，确保齐全有效	交通运输部《道路货物运输及站场管理规定》对申请从事货运站经营的要求其应有与其经营规模相适应的安全、消防、装卸、通信、计量等设备。道路货物运输站（场）经营企业应该按照站级和业务范围和规模，根据GB 50140—2005的规定配备安全、消防设备。本条所称"配足"是指，货运站经营企业应该配备与经营规模、范围及经营管理形式相关安全和消防设施、设备及器材，保证一旦有事能够及时妥善应对；所称"有效"特指这些设备及器材处于良好状态，能够在出现突发事态时能够发挥出处置危害或危险的作用	**查资料**：1.查看企业安全和消防设施、设备及器材管理制度、台账；2.查消防设计审核和消防验收的相关证明文件；3.查安全和消防设施、设备及器材校验和维护记录。**现场检查**：1.安全和消防设施、设备及器材数量情况；2.安全和消防设施、设备及器材校验和维护合格标志	10 AR	1.企业无消防设计审核和消防验收的相关证明文件，不得分；2.企业无安全和消防设施、设备及器材管理制度的，扣2分；3.无安全和消防设施、设备及器材管理台账和维护记录的，每项扣1分	

续上表

评价类目	评价项目		释义	评价方法	标准分值	评价标准	得分
六、装备设施（80分）	1.安全设施及管理	③企业应设有覆盖安全重点部位视频监控设备，并保持实时监控	道路货物运输站场作为社会人员密集场所和物流货运信息集散中心，加强货运交易场所、货物堆放场所、车辆停放场所及站场进出通道等重点场所的动态管理十分必要。 本条所称"重点部位"是指集装箱堆场、危货仓储区、装卸场或作业区、货场和停车场、车辆进出站口等货运站经营活动频繁地点。所称"实时监控"是指道路货物运输站（场）经营企业安排专人值守视频监控设备，对货运站生产经营活动进行不间断监控，并做好相关记录	查资料： 1.查看企业安全生产视频监控设备管理制度及台账； 2.查安全视频监控设备经相关部门审核、验收的相关证明文件； 3.查安全生产视频监控设备校验和维护记录。 查现场： 1.是否有覆盖安全生产重点部位视频监控设备。（货运站安全重点部位，主要包括生产调度站房、仓储区、货物堆场、车辆停放区、车辆出站检查口等处安全生产关键作业场所）；	10 ★★	1.企业无视频监控制度的，扣2分；企业无监控台账记录的，扣2分； 2.未设有覆盖安全重点部位视频监控设备，扣2分； 3.视频监控设备未对重点部位进行实时监控，每台扣1分； 4.视频记录保存时间不得小于7天，不到7天的扣1分	

续上表

评价类目	评价项目	释 义	评价方法	标准分值	评价标准	得分
六、装备设施（80分）	1.安全设施及管理		2.视频监控设备是否进行实时监控。 **现场询问：** 抽查相关工作人员对安全视频监控设备使用管理熟悉程度及工作状况			
		④企业应按GB 15630—1995规定设置宣传告示设备、安全警告标志、指示牌	在生产经营作业场所规范设置宣传告示、安全警告标志、指示牌是防止出现不安全生产行为一项重要保障措施，道路货物运输站场经营企业应当按照GB 15630—1995在站房、信息交易中心、仓库、堆场、停车场地、危险场所、厕所和道路等主要设施上设置明显标识，主要道路地面应当标有紧急疏散方向的指示符号，进出通道及停	**现场检查：** 1.查看企业现场是否按规定设置宣传告示、安全警告标志、指示牌； 2.道路货物运输站场经营企业应当在站房、信息交易中心、仓库、堆场、停车场地、危险场所、厕所和道路等主要设施上设置明显标识；	5	1.未按规定设置宣传告示设备、安全警告标志、指示牌的，一处扣1分； 2.企业现场在主要道路地面没有标有紧急疏散方向的指示符号，进出通道及停车场未设置地面标线标识，一处扣1分	

续上表

评价类目	评价项目	释 义	评价方法	标准分值	评价标准	得分
六、装备设施（80分）	1. 安全设施及管理	车场应设置地面标线标识，引导货物、车辆安全通行。导向标志的视觉效果不得有其他障碍物阻挡。 货运站内车辆导向标识内容、指示方位应当根据外部交通管制及站内营业布局的调整及时进行补充和更新，以保证导向标识的准确性及有效性	3. 主要道路地面应当标有紧急疏散方向的指示符号，进出通道及停车场应设置地面标线标识，引导货物、车辆安全通行。导向标志的视觉效果不得有其他障碍物阻挡			
	2. 特种设备	①企业特种设备的使用应严格按照相关法律、法规规定，保证特种设备的安全使用	特种设备是指涉及生命安全、危险性较大的锅炉、压力容器（含气瓶，下同）、压力管道、电梯、起重机械、货运索道、大型游乐设施和场（厂）内专用机动车辆。特种设备的具体认定以国务院负责特种设备安全监督管理的部门发布的《特种设备目录》为准	查资料： 1. 检查企业安全管理制度中的特种设备安全管理制度是否符合法律、法规规定； 2. 检查企业特种设备安全操作规程；	10	1. 企业无特种设备安全管理制度，不得分； 2. 企业特种设备无安全生产操作规程，扣5分； 3. 特种设备无安全技术规范要求的设计文件、产品质量合格证明、安装及使用维修说明、监督检验证明等证明文件，扣5分	

续上表

评价类目	评价项目		释　义	评价方法	标准分值	评价标准	得分
六、装备设施（80分）	2.特种设备		根据《特种设备安全监察条例》第二十三条规定，特种设备使用单位，应当严格执行本条例和有关安全生产的法律、行政法规的规定，保证特种设备的安全使用。因此道路货物运输站场经营企业应严格执行，安全使用特种设备	3.查特种设备出厂附有安全技术规范要求的设计文件、产品质量合格证明、安装及使用维修说明、监督检验证明等文件			
		②企业特种设备投入使用前或者投入使用后30日内,应向监督管理部门登记注册	道路货物运输站场经营企业应按照《特种设备安全监察条例》第二十五条规定：特种设备在投入使用前或者投入使用后30日内，特种设备使用单位应当向直辖市或者设区的市的特种设备安全监督管理部门登记。登记标志应当置于或者附着于该特种设备的显著位置	查资料：查企业特种设备投入使用前或者投入使用后按规定周期向质量监督部门登记注册证明文件。现场检查：特种设备登记合格标志	5	如特种设备未进行登记注册或没有注册标志的，扣5分	

续上表

评价类目	评价项目	释义	评价方法	标准分值	评价标准	得分
六、装备设施（80分）	2.特种设备	③企业应对在用特种设备进行经常性日常维护，至少每月进行1次检查，并保存记录	道路货物运输站场经营企业使用符合安全技术规范要求的特种设备是保障道路货运站业务持续安全进行的需要，也是《特种设备安全监察条例》要求企业履行的法定义务和责任。《特种设备安全监察条例》第二十七条规定：特种设备使用单位应当对在用特种设备进行经常性日常维护，并定期自行检查。特种设备使用单位对在用特种设备应当至少每月一次自行检查，并做出记录。特种设备使用单位在对在用特种设备进行自行检查和日常维护时发现异常情况的，应当及时处理。因此按要求建立特种设备维护记录对于道路货物运输站场经营企业是持续跟踪管理特种设备重要的安全检查凭据	**查资料：** 1.查看建立特种设备日常维护记录、台账等； 2.查看特种设备月检记录以及异常处理情况。 **查现场：** 1.检查特种设备及其安全附件日常维护记录情况； 2.检查特种设备是否有报废但仍在使用的现象	5	1.未建立特种设备日常维护记录、台账的，扣2分； 2.特种设备使用日常维护台账内容记录不全的，每处扣1分	

续上表

评价类目	评价项目		释 义	评价方法	标准分值	评价标准	得分
六、装备设施（80分）	2.特种设备	④企业应对在用特种设备及安全附件、安全保护装置、测量调控装置及有关附属仪器仪表进行定期校验、检修，并保存记录	道路货物运输站场企业应按照《特种设备安全监察条例》第二十七条规定：特种设备使用单位应当对在用特种设备的安全附件、安全保护装置、测量调控装置及有关附属仪器仪表进行定期校验、检修，并做出记录	**查资料：**查企业特种设备及安全附件、安全保护装置、测量调控装置及有关附属仪器仪表进行质量监督部门按规定周期检验检测、检修证明文件。**现场检查：**现场检查企业特种设备及安全附件、安全保护装置、测量调控装置及有关附属仪器仪表等特种设备检验合格标志	5	1.企业特种设备及安全附件等无检验检测、检修证明文件的，不得分；2.未按规定进行定期检验的，一台设备扣2分	

续上表

评价类目	评价项目		释　义	评价方法	标准分值	评价标准	得分
六、装备设施（80分）	2.特种设备	⑤企业应在特种设备检验合格有效期届满前1个月内向特种设备检验检测机构提出定期检验申请。未经定期检验或者检验不合格的特种设备，不得继续使用	特种设备定期检验是指，经国务院特种设备安全监督管理部门核准特种设备检验检测机构在用特种设备的安全附件、安全保护装置、测量调控装置及有关附属仪器仪表进行定期校验、检修活动。道路货物运输站场企业应按照《特种设备安全监察条例》第二十八条规定：特种设备使用的单位应当按照安全技术规范的定期检验要求，在安全检验合格有效期届满前1个月向特种设备检验检测机构提出定期检验要求。未经定期检验或者检验不合格的特种设备，不得继续使用	**查资料：** 1.查特种设备定期检验报告及文件； 2.查已报废特种设备证明文件或台账。 **现场检查：** 检查企业有无使用已报废的特种设备	5	1.无特种设备定期检验报告及文件，扣3分； 2.无已报废特种设备证明文件及台账的，扣2分； 3.存在使用报废特种设备的，不得分	

续上表

评价类目	评价项目		释　义	评价方法	标准分值	评价标准	得分
六、装备设施（80分）	2.特种设备	⑥企业应按规定指定专人对特种设备进行管理	根据《特种设备安全监察条例》第三十三条规定：特种设备运营使用单位，应当设置特种设备安全管理机构或者配备专职的安全管理人员。因此，涉及特种设备的道路货物运输站场经营企业必须指定专人对其进行专业化管理。 这里的"专人"是指取得质量技术监督部门《特种设备作业人员证》作业人员及其相关管理人员，具备必要的特种设备安全知识和技能的专业人员	**查资料：** 查企业专门负责特种设备使用管理人员名册及相关证件。 **现场检查：** 抽查特种设备管理、操作等相关工作人员对特种设备使用、管理熟悉程度及特种设备的使用状况	5	1.特种设备无专人管理相关工作记录的，不得分； 2.特种设备管理人员对特种设备使用、管理不熟悉的，每人次扣1分； 3.特种设备相关管理人员未按要求持证上岗的，每人次扣2分	
		⑦企业应建立特种设备安全技术档案。安全技术档案应包括以下内容： a.特种设备的设计文件、制造单位、产品质量合格证明、使用维护说明等文件以及安装技术文件和资料；	根据《特种设备安全监察条例》第二十六条规定：特种设备使用单位应当建立特种设备安全技术档案。安全技术档案应包括以下内容： ①特种设备的设计文件、制造单位、产品质量合格证明、使用维护说明等文件以及安装技术文件和资料；				

续上表

评价类目	评价项目		释义	评价方法	标准分值	评价标准	得分
六、装备设施（80分）	2.特种设备	b.特种设备的定期检验和定期自行检查的记录； c.特种设备日常使用状况记录； d.特种设备及其安全附件、安全保护装置、测量调控装置及有关附属仪器仪表的日常维护记录； e.特种设备运行故障和事故记录； f.高耗能特种设备的能效测试报告、能耗状况记录以及节能改造技术资料	②特种设备的定期检验和定期自行检查的记录； ③特种设备日常使用状况记录； ④特种设备及其安全附件、安全保护装置、测量调控装置及有关附属仪器仪表的日常维护记录； ⑤特种设备运行故障和事故记录； ⑥高耗能特种设备的能效测试报告、能耗状况记录以及节能改造技术资料。 因此，道路货物运输站场经营企业应加强特种设备管理，规范建立特种设备安全技术档案，确保特种设备合法有效使用	**查资料**： 1.查看建立特种设备安全技术档案，企业所有特种设备是否都已建档； 2.查特种设备安全技术档案是否缺项	5	1.未建立特种设备安全技术档案，不得分； 2.特种设备安全技术档案未覆盖企业所有特种设备，缺一项扣1分	

续上表

评价类目	评价项目		释义	评价方法	标准分值	评价标准	得分
七、科技创新与信息化（30分）	1.科技创新及应用	①企业应使用先进的、安全性能可靠的新技术、新工艺、新设备和新材料，优先选购安全、高效、节能的先进设备	道路货物运输站场作为道路货运安全生产十分重要的安全保障单位之一，加快安全、高效、节能的先进设备改进和使用，对于提升安全管理能力和促进道路货运安全发展具有十分重要的意义。道路货物运输站场应按照有关要求，积极推广应用安全性能可靠、先进适用的新技术、新工艺、新设备和新材料，加快国家规定的各项安全系统和装备建设，提高生产安全防护水平。这是对所有经营企业的一个普遍要求。 本条中的"新"，是指被国家有关部门认定、并列入鼓励发展的新技术、新工艺、新设备和新材料	现场检查： 1.查看是否使用新技术、新工艺、新设备和新材料等先进设备； 2.查看是否使用国家明令禁止或者淘汰的技术、工艺、设备、材料	10	1.未制订新技术、新工艺、新设备和新材料管理制度，扣5分；制度内容不符合要求，每处扣1分； 2.未明确优先选购安全、高效、节能的先进设备的要求，扣2分； 3.企业使用的技术、工艺、设备和材料未考虑先进、安全、高效与节能要求，每处扣1分； 4.使用国家明令禁止或者淘汰的技术、工艺、设备、材料的不得分	

续上表

评价类目	评价项目	释　义	评价方法	标准分值	评价标准	得分
七、科技创新与信息化（30分）	1.科技创新及应用 ②企业应利用先进科技手段,提升安全管理水平	理解、学习、应用先进的安全管理理念和方法,是提升货运站（场）企业安全管理水平重要的方法,可以向先进或模范企业学习安全管理理念或管理方法	询问及现场检查：查安全管理方法,现状等,了解企业安全管理方法及安全管理水平	10	企业安全管理水平低或较低扣2~5分	
	③企业应在有条件的情况下,组织开展科技攻关或课题研究	道路货物运输站场在安全生产经营活动中,应主动组织或参与政府有关部门组织行业科技攻关活动,逐步提高科技兴安能力。企业应加强加大安全生产科技投入力度,自主研究或与高等院校、科研机构、社会团体等合作,开发货运站安全生产管理系统等新产品。同时,积极参加或参与安全生产领域的科技攻关活动,加快站场先进生产技术引进、吸收和自主创新步伐	查资料：查企业开展安全生产科技攻关或课题研究及推广先进技术和先进管理方法的有关资料	5	1. 未建立安全生产科技创新管理制度/文件,扣3分； 2. 未根据实际组织开展安全生产管理创新技术工作,不得分； 3. 无安全生产管理创新技术工作的相关资料,扣5分,资料不完整,每处扣1分	

续上表

评价类目	评价项目		释义	评价方法	标准分值	评价标准	得分
七、科技创新与信息化（30分）	2.信息化	企业应根据实际情况开展信息化系统建设，在日常安全管理中使用安全生产管理信息系统或平台	安全生产管理系统通过对企业、单位的基本情况登记、安全检查落实、设备年审等数据的本地录入、远程传送、统计分析、综合评估、报表打印等功能，高效率、实时地为相关主管部门提供安全生产管理工作的基本信息，为安全生产管理实现管理规范化、科学化、信息化提供了现代化手段	**现场检查：**查安全生产管理信息系统的建立情况及信息化网络平台的使用情况	5	1. 未建立安全生产管理信息系统或平台不得分； 2. 系统或平台未有效使用，扣2分	
八、教育培训（120分）	1.培训管理	①企业应按规定开展安全教育培训，明确安全教育培训目标、内容和要求，定期识别安全教育培训需求，制定并实施安全教育培训计划	企业应确定安全教育培训主管部门，按规定及岗位需要，定期识别安全教育培训需求，制定、实施安全教育培训计划，提供相应的资源保证。《中华人民共和国安全生产法》第十八条规定：生产经营单位的主要负责人对本单位安全生产工作负有下列职责：组织制定并实施本单位安全生产教育和培训计划	**查资料：** 1. 查安全教育培训制度； 2. 查安全教育培训需求识别、汇总及分析； 3. 查安全教育培训计划	5	1. 未制定企业安全教育培训制度，扣3分； 2. 安全教育培训制度内容未明确培训主管部门、培训需求和培训计划的制定等，每项扣1分； 3. 未定期识别培训需求的，扣2分； 4. 未根据培训需求制定培训目标、培训计划的，扣2分； 5. 培训计划内容未覆盖生产经营范围，不具有操作性的，每项扣1分	

续上表

评价类目	评价项目	释义	评价方法	标准分值	评价标准	得分
八、教育培训（120分）	1.培训管理 ②企业应组织安全教育培训，保证安全教育培训所需人员、资金和设施	《安全生产培训管理办法》第十条规定：生产经营单位应当建立安全培训管理制度，保障从业人员安全培训所需经费，对从业人员进行与其所从事岗位相应的安全教育培训。《生产经营单位安全培训规定》第二十一条规定：生产经营单位应当将安全培训工作纳入本单位年度工作计划。保证本单位安全培训工作所需资金	查资料：1.查企业安全培训教育计划和记录；2.查企业安全生产费用投入计划。现场检查：询问管理、现场不同岗位1～3人接受安全教育的情况	5	1.未按照企业安全培训计划开展安全教育培训的，每项（或人）扣1分；2.企业安全培训所需的必要人员、资金和设施未得到保证的，每项扣1分	
	③企业应做好安全教育培训记录，建立从业人员安全教育培训档案	《生产经营单位安全培训规定》第二十二条规定：生产经营单位应当建立健全从业人员安全生产教育和培训档案，由生产经营单位的安全生产管理机构以及安全生产管理人员详细、准确记录培训的时间、内容、参加人员以及考核结果等情况	查资料：1.查各类从业人员安全教育的记录；2.查从业人员安全教育培训档案	10 AR	1.未对安全教育培训做好记录的，每次扣2分；2.安全教育培训档案、记录不准确的（培训时间、培训内容、主讲老师、参训人员、考核结果）每项扣0.5分	

续上表

评价类目	评价项目		释义	评价方法	标准分值	评价标准	得分
八、教育培训（120分）	1.培训管理	④企业应组织对培训效果的后评估，改进提高培训质量	为了更好地落实实施继续教育培训计划，企业应在每次教育培训结束后，对培训效果进行评审，以便及时发现培训过程中存在的问题，制定解决或优化方案，调整培训计划，改进提高培训教育质量	查资料： 1. 查培训教育计划和记录； 2. 查培训效果评估记录、改进措施相关文件	5	1. 无培训效果评估及改进措施，每缺一次扣1分； 2. 培训效果评估不真实的或改进措施不具体的，每项扣0.5分	
	2.资格培训	①企业的特种设备作业人员应按有关规定参加安全教育培训，取得《特种设备作业人员证》后，方可从事相应的特种设备作业或者管理工作，并按规定定期进行复审	《特种设备作业人员监督管理办法》第二条规定：锅炉、压力容器（含气瓶）、压力管道、电梯、起重机械、客运索道、大型游乐设施、场（厂）内机动车辆等特种设备的作业人员及其相关管理人员统称特种设备作业人员。特种设备作业人员作业种类与项目目录见本办法附件。从事特种设备作业的人员应当按照本办法的规定，经考核合格取得《特种设备作业人	查资料： 1. 查特种设备台账； 2. 查特种设备作业人员台账； 3. 查特种作业人员的《特种设备作业人员证》	10 ★★	1. 特种设备作业人员未取得《特种设备作业人员证》的，或《特种设备作业人员证》未定期复审的不得分； 2. 未建立特种设备作业人员台账的（内容包括岗位、姓名、特种设备作业人员证编号、初次取证时间、复审时间、有效期等），每人次扣2分	

续上表

评价类目	评价项目	释　义	评价方法	标准分值	评价标准	得分
八、教育培训（120分）	2.资格培训	员证》，方可从事相应的作业或者管理工作。 《特种设备作业人员监督管理办法》第二十二条规定:《特种设备作业人员证》每4年复审一次。持证人员应当在复审期满3个月前,向发证部门提出复审申请。复审合格的,由发证部门在证书正本上签章。对在2年内无违规、违法等不良记录,并按时参加安全培训的,应当按照有关安全技术规范的规定延长复审期限。 复审不合格的应当重新参加考试。逾期未申请复审或考试不合格的,其《特种设备作业人员证》予以注销。 跨地区从业的特种设备作业人员,可以向从业所在地的发证部门申请复审				

续上表

评价类目	评价项目		释　义	评价方法	标准分值	评价标准	得分
八、教育培训（120分）	2.资格培训	②企业的特种作业人员应经专门的安全技术培训并考核合格，取得《中华人民共和国特种作业操作证》后，方可上岗作业，并按规定定期进行复审。离开特种作业岗位6个月以上的特种作业人员，应重新进行实际操作考试，经确认合格后方可上岗作业	《中华人民共和国安全生产法》第二十七条规定：生产经营单位的特种作业人员必须按照国家有关规定经专门的安全作业培训，取得相应资格，方可上岗作业。 特种作业人员的范围由国务院安全生产监督管理部门会同国务院有关部门确定	查资料： 1.查企业特种作业人员台账； 2.查企业特种作业人员是否有《特种作业操作证》	10 AR	1.特种作业人员未持证上岗或《特种作业操作证》到期未进行复审，每人扣1分； 2.离开特种作业岗位6个月以上的特种作业人员，未重新进行实际操作考试，未经确认合格后上岗作业的，每人扣1分； 3.未建立特种作业人员台账的(内容包括特种作业工种、姓名、特种作业操作证书编号、初次取证时间、复审时间、有效期等)，每缺1人扣1分	

续上表

评价类目	评价项目	释　义	评价方法	标准分值	评　价　标　准	得分
八、教育培训（120分）	2.资格培训	③企业主要负责人和安全生产管理人员应具备与所从事的生产经营活动相适应的安全生产知识和安全生产管理能力，应由负有安全生产监督管理职责的部门对其安全生产知识和管理能力进行考核并达到合格，且每年应接受不少于国家或地方政府规定学时的再教育	企业的主要负责人和安全生产管理人员，要组织、领导本单位的安全生产管理工作，并承担保证安全生产的责任，这就要求企业的主要负责人和安全生产管理人员必须具备与本单位所从事的生产经营活动相适应的安全生产知识，同时具有领导安全生产管理工作和处理生产安全事故的能力。法律法规要求必须对其安全生产知识和管理能力进行考核的，须经考核合格后方可任职	查资料：查企业主要负责人和安全生产管理人员的安全资格证明及培训档案	10 ★★★	1. 主要生产经营管理人员未持证上岗的，每人扣2分； 2. 主要负责人未按有关规定进行再培训的，扣2分； 3. 其他管理人员未经培训考核合格或未按有关规定进行再培训的，每人扣1分	
		④企业其他需要取得资格证书的作业人员，应通过相应培训、考核，持证上岗	按国家有关规定持职业资格证书上岗是从业人员的义务，也是企业用工的基本要求。交通运输部《道路货物运输及站场管理规定》要求，从事货运站经营的必须有与业务相适应的专业人员和管理人员的身份证明、专业证书	查资料：查企业涉及的其他作业人员的资格证书、相应培训、考核记录	5	1. 企业涉及的其他作业人员无资格证书，不得分； 2. 其他作业人员无相应培训、考核记录，每人扣1分	

续上表

评价类目	评价项目	释 义	评价方法	标准分值	评价标准	得分
八、教育培训（120分）	3.宣传教育	企业应组织开展安全生产的法律、法规和安全生产知识的宣传、教育	企业应将安全生产法律法规的培训学习要求，纳入到企业制定的安全学习培训制度中，将适用的安全生产法律法规、标准规范及其他要求及时传达给从业人员。企业应对新的重要的法律法规进行专门培训，并对学习情况进行考核	查资料：安全生产法律法规、标准及其他要求宣传、培训相关记录资料。询问：询问1~3人接受安全生产的法律、法规和安全生产知识的宣传、教育情况	5	1.无安全生产法律法规、标准及其他要求宣传、培训相关记录资料的（培训通知、培训签到表、培训记录表、培训效果评估），扣3分；2.至少随机抽查1~3名人员，不熟悉本岗位适用的安全生产法律法规、标准及其他要求的，每人扣1分	
	4.从业人员培训	①未经安全生产培训合格的从业人员，不得上岗作业	《中华人民共和国安全生产法》第二十五条规定：生产经营单位应当对从业人员进行安全生产教育和培训，保证从业人员具备必要的安全生产知识，熟悉有关的安全生产规章制度和安全操作规程，掌握本岗位的安全操作技能，了解事故应急处理措施，知悉自身在安全生产方面的权利和义务。未	查资料：1.查从业人员安全教育和培训档案；2.查企业从业人员档案	5	新进人员，未经安全生产培训合格上岗作业的，每人次扣1分	

续上表

评价类目	评价项目		释　　义	评价方法	标准分值	评价标准	得分
八、教育培训（120分）	4.从业人员培训		经安全生产教育和培训合格的从业人员，不得上岗作业。 《中华人民共和国安全生产法》第二十四条规定：生产经营单位的主要负责人和安全生产管理人员必须具备与本单位所从事的生产经营活动相应的安全生产知识和管理能力。 危险物品的生产、经营、储存单位以及矿山、金属冶炼、建筑施工、道路运输单位的主要负责人和安全生产管理人员，应当由主管的负有安全生产监督管理职责的部门对其安全生产知识和管理能力考核合格。考核不得收费				

续上表

评价类目	评价项目		释义	评价方法	标准分值	评价标准	得分
八、教育培训（120分）	4.从业人员培训	②从业人员应每年接受再培训，培训时间不得少于规定学时	《中华人民共和国安全生产法》第二十五条规定：生产经营单位应当对从业人员进行安全生产教育和培训，保证从业人员具备必要的安全生产知识，熟悉有关的安全生产规章制度和安全操作规程，掌握本岗位的安全操作技能。未经安全生产教育和培训合格的从业人员，不得上岗作业。《生产经营单位安全培训规定》第九条规定：生产经营单位主要负责人和安全生产管理人员初次安全培训时间不得少于32学时。每年再培训时间不得少于12学时	**查资料：**查从业人员安全培训教育档案	5	1.企业年度安全教育培训计划未明确从业人员每年接受再培训的，扣2分； 2.未按照培训计划要求组织开展从业人员年度再培训的，每少一次扣2分； 3.从业人员年度再培训少于规定学时的，每少1人扣1分	

续上表

评价类目	评价项目	释义	评价方法	标准分值	评价标准	得分
八、教育培训（120分）	4.从业人员培训 ③对离岗一年重新上岗、转换工作岗位的人员，应进行岗前培训。培训内容应包括安全法律法规、安全管理制度、岗位操作规程、风险和危害告知等，与新岗位安全生产要求相符合	《生产经营单位安全培训规定》规定：从业人员在本生产经营单位内调整工作岗位或离岗一年以上重新上岗时，应当重新接受车间（工段、区、队）和班组级的安全培训	查资料：从业人员安全培训教育档案	5	对离岗一年重新上岗、转换工作岗位的人员未进行岗前安全培训教育，每人次扣2分	
	④应对新员工进行三级安全教育培训，经考核合格后，方可上岗。培训时间不得少于规定学时	《生产经营单位安全培训规定》第十二条规定：加工、制造业等生产单位的其他从业人员，在上岗前必须经过厂（矿）、车间（工段、区、队）、班组三级安全培训教育。生产经营单位应当根据工作性质对其他从业人员进行安全培训，保证其具备本岗位安全操作、应急处置等知识和技能。《生产经营单位安全培训规定》第十三条规定：生产经营单位新上岗的从业人员，岗前安全培训时间不得少于24学时	查资料：1.查对新员工的三级安全教育培训记录；2.查三级安全教育培训后的考核记录；3.查员工名册，必要时抽查劳动合同	10 AR	1.未对新员工进行三级安全教育培训的，每人次扣1分；2.存在三级安全教育培训考核不合格上岗员工的，每人次扣1分；3.三级安全教育培训学时少于24学时的，每人次扣1分	

续上表

评价类目	评价项目		释义	评价方法	标准分值	评价标准	得分
八、教育培训（120分）	4.从业人员培训	⑤企业使用被派遣劳动者的,应纳入本企业从业人员统一管理,进行岗位安全操作规程和安全操作技能的教育和培训	《中华人民共和国安全生产法》第二十五条规定:生产经营单位使用被派遣劳动者的,应当将被派遣劳动者纳入本单位从业人员统一管理,对被派遣劳动者进行岗位安全操作规程和安全操作技能的教育和培训。劳务派遣单位应当对被派遣劳动者进行必要的安全生产教育和培训	**查资料：** 1. 查劳务派遣人员名单； 2. 查安全教育培训档案	5	劳务派遣人员未进行岗位安全操作规程和安全操作技能教育和培训的,每人次扣1分	
		⑥应在新技术、新设备投入使用前,对管理和操作人员进行专项培训	《中华人民共和国安全生产法》第二十六条规定:生产经营单位采用新工艺、新技术、新材料或者使用新设备,必须了解、掌握其安全技术特性,采取有效的安全防护措施,并对从业人员进行专门的安全生产教育和培训	**查资料：** 1. 查新技术、新设备投入使用资料； 2. 查安全教育培训档案。 **询问：** 现场询问新技术、新设备岗位人员培训情况	5	1. 新技术、新设备投入使用前,未对管理和操作人员进行专项培训的,每人次扣2分； 2. 专项培训记录档案资料不完善的,每次扣1分	

续上表

评价类目	评价项目	释义	评价方法	标准分值	评价标准	得分
八、教育培训（120分）	5.日常安全教育培训 ①企业应对相关方作业人员进行安全教育，保存安全教育记录	根据《中华人民共和国安全生产法》规定，两个以上生产经营单位在同一作业区域内进行生产经营活动，可能危及对方生产安全的，应当签订安全生产管理协议，明确各自的安全生产管理职责和应当采取的安全措施。道路货物运输站场经营企业应该对相关方作业人员在作业前进行安全教育	**查资料：** 查相关方作业人员安全教育记录	5	1.无相关方作业人员安全教育记录的，扣5分；2.记录内容不全面，不明确，每处扣1分	
	②企业应鼓励应用在线教育形式开展日常安全教育培训和考核	企业应加强日常安全教育培训和考核，在线教育形式有直播、录播、直播面授、一对一等形式，企业应注重安全教育的时效性、互动性等，鼓励开展在线教育	**查资料：** 查企业在线教育有无日常安全教育培训和考核记录	5	1.企业无在线教育形式的，不得分；2.企业有在线教育形式，但无日常安全教育培训和考核记录的，扣3分	

续上表

评价类目	评价项目	释 义	评价方法	标准分值	评价标准	得分
八、教育培训（120分）	5.日常安全教育培训	③企业应告知外来参观、学习等人员遵守有关安全规定及安全注意事项	对于来道路货物运输站场经营企业参观、学习的外来人员进行本企业安全规定及注意事项的告知	**查资料：**对外来参观、学习人员等相关方进行安全告知的制度、记录	5	无对外来参观、学习人员进行安全告知的制度、记录的，扣5分	
	6.规范档案	企业应当建立安全生产教育和培训档案，如实记录安全生产教育和培训的时间、内容、参加人员以及考核结果等情况	《中华人民共和国安全生产法》第二十五条规定：生产经营单位应当建立安全生产教育和培训档案，如实记录安全生产教育和培训的时间、内容、参加人员以及考核结果等情况	**查资料：**1.查培训教育计划和记录；2.查培训效果评估记录、改进措施相关文件。**现场检查：**询问1～3人接受安全教育的情况	5	1.无教育培训档案记录不得分；2.教育培训档案记录不真实、不准确的（培训的时间、内容、参加人员以及考核结果），每处扣1分	

续上表

评价类目	评价项目	释义	评价方法	标准分值	评价标准	得分
九、生产过程管理(260分)	1.现场作业管理	①企业应严格执行操作规程和安全生产作业规定,不得违章指挥、违章操作、违反劳动纪律	安全操作规程和安全生产作业规定它约束要求的对象广泛,涵盖道路货物运输站(场)多岗位从业人员。从业人员否能严格遵守本单位的安全生产规章制度和安全操作规程,直接决定着生产能否安全进行。"安全才能生产,不安全不生产"是企业作为安全生产责任主体基本法律义务。国务院《关于进一步加强企业安全生产工作的通知》(国发[2010]23号)要求,企业要健全完善严格的安全生产规章制度,坚持不安全不生产。作为道路货物运输站(场)的安全生产责任主体应加强生产现场监督检查,严格查处违章指挥、违规作业、违反劳动纪律的"三违"行为。	**查资料:** 1.查建立符合安全管理要求的岗位操作规程; 2.查岗位安全生产承诺。 **现场检查:** 查违章指挥、违章作业和违反劳动纪律("三违")现象	10	1.企业没有建立符合安全管理要求的岗位操作规程的,不得分; 2.相关操作规程不全的,每缺1项扣2分; 3.存在"三违"现象的,每人次扣1分	

续上表

评价类目	评价项目		释 义	评价方法	标准分值	评价标准	得分
九、生产过程管理(260分)	1.现场作业管理		违章指挥:主要是指生产经营单位的生产经营者违反安全生产方针、政策、法律、条例、规程、制度和有关规定指挥生产的行为。 违规作业:主要是指现场操作工人违反劳动生产岗位的安全规章和制度等作业行为。 违反劳动纪律:主要是指工人违反生产经营单位的劳动规则和劳动秩序。 对于道路运输货物运输站场企业: ①围绕岗位设置应建立汽车货站安全员、调度员、装卸工、站务员、库管员、理货员、场内车辆驾驶员、超重型汽车列车挂车工、车辆安检员、出站安检员、监控人员等岗位人员的安全操作规程;				

续上表

评价类目	评价项目	释　义	评价方法	标准分值	评价标准	得分
九、生产过程管理(260分)	1.现场作业管理	②围绕设备使用应建立货物分类堆码安全操作规程、人工装卸安全操作规程、机械装卸安全操作规程、车辆安检操作规程、场站安全巡查操作规程、场站安全生产设施设备定期安检操作规程； ③作业活动的负责人应严格按照作业文件的规定组织和指挥生产作业活动,作业人员应严格执行安全操作规程,不违章作业,作业人员在进行危险作业时,应持相应的作业许可证作业； ④生产作业必须落实安全防护措施。作业监护人员应具备基本救护技能和作业现场的应急处理能力,作业过程中不得擅离职守； ⑤建立交接班制度并做好交接班记录。发现潜在的或已发生的危及作业人员安全的状况,在交接班时应交代清楚,并做好记录				

续上表

评价类目	评价项目		释义	评价方法	标准分值	评价标准	得分
九、生产过程管理(260分)	1.现场作业管理	②企业应按相关法律法规,规范货物储存安全管理,按照货物的性质、保管要求进行分类存放,保证货物完好无损	本条所称规范货物储存安全管理,主要有两层意思,一是要求道路货物运输站场经营企业严格依照《中华人民共和国道路运输条例》、交通运输部《道路货物运输及站场管理规定》等行业法律规范,《汽车货物运输质量主要考核指标》(JT/T 619—2005)、《水路、公路运输货物包装基本要求》(JT/T 385—2008)、《汽车快件货物运输操作规程》(JT/T 620—2005)等行业标准,《关于加强物流、寄递渠道安全监管工作的通知》、(公治〔2009〕475号)、《关于加强道路货物运输受理环节安全管理工作的通知》(交运发〔2011〕414号)等行业文件,建立健全货物储存安全管理;二是要求道路货物运输站场经营企业在货物储存活动中严格遵守操作规程、规范作业行为。	**查资料:** 企业根据经营范围、货物性质、保管要求制定相应的储存安全管理制度、现场作业指导、安全操作规程等。 **现场检查:** 抽查作业现场是否严格按照货物储存安全管理制度、现场作业指导、安全操作规程进行货物储存	5	1.未根据经营范围制定相应的储存安全管理制度的,扣3分; 2.大型物件、危险化学品等货物储存应制作现场作业指导书,未制定的,扣2分; 3.现场未按危险化学品货物储存安全管理要求作业的,扣1分	

续上表

评价类目	评价项目		释 义	评价方法	标准分值	评价标准	得分
九、生产过程管理(260分)	1.现场作业管理	③企业应按照规定的业务操作规程进行货物搬运装卸,搬运装卸作业应当轻装、轻卸,堆放整齐,防止混杂、撒漏、破损,有毒、易污染物品不得与食品混装。装卸作业应有专人负责	《中华人民共和国道路运输条例》、交通运输部《道路货物运输及站场管理规定》要求,按照货物的性质、保管要求进行分类存放,危险货物应当单独存放,保证货物完好无损				
			本条所称按照规定的业务操作规程进行货物搬运装卸,主要有两层意思,一是要求道路货物运输站场经营企业严格依照《中华人民共和国道路运输条例》、交通运输部《道路货物运输及站场管理规定》等行业法律规范,《汽车货物运输质量主要考核指标》(JT T 619—2005)、《水路、公路运输货物包装基本要求》(JT T 385—2008)、《汽车快件货物运输操作规程》(JT T 620—2005)等行业标准、《关于加强物流、寄递渠道安全监管工作的通知》、(公治〔2009〕475号)、	**查资料:** 1.查企业根据经营范围制定相应的货物装卸及搬运安全管理制度、现场作业指导、安全操作规程等; 2.查装卸现场管理员岗位职责。 **现场检查:** 抽查作业现场是否严格按照货物装卸、搬运安全管理制度、现场作业指导、安全操作规程进行	10	1.未根据经营范围制定相应的货物装卸及搬运安全管理制度的,扣5分; 2.大型物件、危险化学品等货物装卸及搬运应制作现场作业指导书,未制定的,扣5分; 3.现场未按危险化学品货物装卸及搬运安全要求作业的,扣2分; 4.现场货物装卸及搬运无专人负责的,扣3分	

续上表

评价类目	评价项目	释　义	评价方法	标准分值	评价标准	得分
九、生产过程管理(260分)	1.现场作业管理	《关于加强道路货物运输受理环节安全管理工作的通知》(交运发〔2011〕414号)等行业文件,建立健全货物搬运装卸规程、作业指南等;二是要求道路货物运输站场经营企业严格在搬运装卸活动中严格遵守操作规程、规范作业行为。 《中华人民共和国道路运输条例》、交通运输部《道路货物运输及站场管理规定》要求,货运站经营者应当按照规定的业务操作规程进行货物的搬运装卸。 货运站作为为货物运输车辆提供停车、仓储、配载、装卸、维修、中转、信息服务等服务活动的经营场所,车辆在场内运行易发生的撞车、翻车、轧辗以及在搬运、装卸、堆垛中物体的打击等事故。企业装卸作业现场应该配备专有人员进行调度管理是非常必要的				

续上表

评价类目	评价项目	释义	评价方法	标准分值	评价标准	得分
九、生产过程管理(260分)	1.现场作业管理	④企业不得超限、超载配货,不得为无道路运输经营许可证或证照不全者提供服务;不得违反国家有关规定,为运输车辆装卸国家禁运、限运的物品	根据《道路货物运输及站场管理规定》第四十四条规定:货运站经营者不得超限、超载配货,不得为无道路运输经营许可证或证照不全者提供服务;不得违反国家有关规定,为运输车辆装卸国家禁运、限运的物品	查资料: 1.检查企业货物运输登记台账、运单等; 2.检查企业交通违法登记台账	10 ★★★	1.不应超载、超限运输配货; 2.不应为无道路运输经营许可证或证照不全者提供服务; 3.不应为运输车辆装卸国家禁运、限运的物品	
		⑤企业专业人员应具有相关资质条件	按国家有关规定持职业资格证书上岗是从业人员的义务,也是企业用工的基本要求。交通运输部《道路货物运输及站场管理规定》要求,从事货运站经营的必须有与业务相适应的专业人员和管理人员的身份证明、专业证书。 专业人员主要是指装卸人员、搬运人员、仓库管理人员等从业人员,管理人员主要是指从事站场管理的工作人员	查资料: 1.查企业聘用人员相关证明、台账、档案记录等; 2.查企业从业人员相关证件登记档案。交通运输部《道路货物运输及站场管理规定》要求,从事货运站经营的必须有与业务相适应的专业人员和管理人员的身份证明、专业证书。	10 AR	1.无企业聘用人员相关证明的,每人次扣2分; 2.专业人员无相关资质的,每人次扣1分	

续上表

评价类目	评价项目		释　义	评价方法	标准分值	评价标准	得分
九、生产过程管理(260分)	1.现场作业管理			专业人员主要是指装卸人员、搬运人员、仓库管理人员等从业人员,管理人员主要是指从事站场管理的工作人员			
		⑥企业应指定专人对危险作业进行现场管理	"危险作业"是指从事高空、高压、易燃、易爆、剧毒、放射性、高速运输工具等对周围环境有高度危险的作业,具体到道路货物运输站(场)企业主要是指在站场内动火作业、受限空间内作业、临时用电作业、吊装、高处作业等危险性较高的作业活动。《中华人民共和国安全生产法》规定,生产经营单位进行爆破、吊装等危险作业,应当安排专门人员进行现场安全管理,确保操作规程	**查资料:** 1.查危险作业现场管理人员职责; 2.查危险作业管理记录,生产过程中,发现潜在的或已发生的危及作业人员安全的状况,在交接班时应交代清楚,并做好记录; 3.查看危险作业审批记录。	15 ★★	1.未实现专人管理的,不得分;无文件化现场管理人员名单的,扣2分; 2.有与生产无关人员进入生产操作现场的,扣2分; 3.作业监护人员缺乏基本救护技能和作业现场的应急处理能力的,扣5分; 4.危险作业未审批的,每次扣2分	

续上表

评价类目	评价项目	释 义	评价方法	标准分值	评价标准	得分
九、生产过程管理(260分)	1.现场作业管理	的遵守和安全措施的落实。道路货物运输站(场)经营企业在动火作业、受限空间内作业、临时用电作业、吊装、高处作业等危险性较高的作业活动时,企业应实施内部作业许可管理,对作业活动中存在的危险、有害因素进行识别,并采取相应的安全措施	现场询问: 作业监护人员对现场作业管理要求熟悉情况			
	⑦企业停车场内应有专人指挥,调度车辆进站发车,停车整齐规范	道路货物运输站场作为为货物运输车辆提供停车、仓储、配载、装卸、维修、中转、信息服务等服务活动的经营场所,车辆在场内运行易发生的撞车、翻车、轧辗以及在搬运、装卸、堆垛中物体的打击等事故。在《道路货物运输及站场管理规定》要求货运站经营者对出站	查资料: 查企业货运站停车场内现场秩序调度岗位职责。	10	1.无站场现场秩序调度管理制度的,扣5分; 2.停车场未实行专人指挥和调度车辆的,扣5分; 3.停车场内无导向、疏散、提示、警告、限制、禁止等安全标志的,扣5分; 4.站场内车辆停放不规范的,每车次扣2分	

续上表

评价类目	评价项目	释 义	评价方法	标准分值	评价标准	得分
九、生产过程管理(260分)	1.现场作业管理	车辆进行安全检查,《道路货运站(场)运营管理规范》中也要求货运站经营者科学设计站内交通组织,维护站内交通秩序,确保站内车辆行驶和停放的安全,严禁占用消防通道及紧急疏散通道停放车辆。因此,对货运站场内交通实行专人指挥调度非常必要	**现场检查:**是否按要求在停车场所的醒目位置设置导向、疏散、提示、警告、限制、禁止等安全标志,并由专人指挥引导进站经营车辆。消防通道及紧急疏散通道是否畅通,不得占用			
		⑧企业货物堆放和存储应符合 GB 50016—2014 的要求	此条主要是对道路货物运输站场场内货物堆放和存储规范化管理的特别强调。要求道路货物运输站(场)场经营企业根据《建筑设计防火规范》(GB 50016—2014)的要求,根据货物自身理化特性,货物对运输、装卸、保管的安全管理要求,采取针对性安全措施,做到	**查资料:**查企业货物堆放和存储操作规范等相关资料。**现场检查:**1.按货物类别特性进行堆码、存储情况;	10	1.无货物堆放和存储操作规范的,扣 5 分;2.货物未按类别特性进行堆码、存储的,扣 5 分;3.未依照经营类项进行仓储区域功能分区及设置相关分区标识的,扣 5 分	

续上表

评价类目	评价项目		释 义	评价方法	标准分值	评价标准	得分
九、生产过程管理(260分)	1.现场作业管理		物品应分类储存,不同货物区域线清晰,数量和区域不超限;对于采用托盘货架存储方式的物料,应定期检查货架的稳固性,安全性。使用设备存取货物时,应将货物放置到位。对于不采用托盘货架存储方式的物料,制定堆放要求,设置最高堆放高度,规定摆放方式,不得随意堆高。堆高的方式应该采用物流码数堆放,保证货物堆放的稳定性。 要求企业提供查企业货物堆放和存储操作规范等相关资料,现场核查企业是否依照经营类项进行仓储区域功能分区、设置相关分区标识,并按货物类别特性进行堆码、存储情况	2.依照经营项目进行仓储区域功能分区和设置相关分区标识情况			

续上表

评价类目	评价项目	释义	评价方法	标准分值	评价标准	得分
九、生产过程管理(260分)	2.安全值班	企业应制定并落实安全生产值班制度和值班计划,重要时期实行领导到岗带班,并做好值班记录	企业主要负责人和领导班子成员要轮流现场带班是国家加强企业安全主体责任的一项重要措施,道路货物运输站(场)经营应严格按照《国务院关于进一步加强企业安全生产工作的通知》(国发〔2010〕23号)要求认真执行现场带班的规定,认真制订本企业领导成员带班制度,立足现场安全管理,加强对重点部位、关键环节的检查巡视,及时发现和解决问题,并据实做好交接	**查资料**： 1. 企业主要负责人和领导班子成员轮流现场带班制度； 2. 查企业安全生产值班计划； 3. 查安全生产值班记录	10	1. 无企业值班制度,扣3分； 2. 无安全生产值班计划,扣5分； 3. 无安全生产值班记录,不得分； 4. 重要时期领导未到岗值班的,每次扣2分	
	3.相关方管理	①企业应制定相关方安全管理制度,并对相关方的资质、资格进行严格审查	道路货物运输站场经营企业应制定相关方安全管理制度,并对相关方的资质、资格进行严格审查	**查资料**： 1. 查承包商、供应商、托运方等相关方管理制度； 2. 查企业对相关方资质、资格进行审查的台账	5	1. 企业无相关方管理制度,不得分； 2. 企业无相关方资质、资格审查台账,缺一项扣3分	

续上表

评价类目	评价项目	释　义	评价方法	标准分值	评价标准	得分
九、生产过程管理(260分)	3.相关方管理	②两个以上生产经营单位在同一作业区域内进行生产经营活动,可能危及对方生产安全的,相关企业应当签订安全生产管理协议,明确各自的安全生产管理职责和应当采取的安全措施,并指定专职安全生产管理人员进行安全检查与协调	目前,两个以上生产经中单位在同一区域进行生产经营活动的情况很多,往往一个物流货运中心,有多个不同的货运站经营企业。多个安全生产经营主体同一场所经营的时候就可能产生危及对方安全生产正常进行一些不行为或事件,需要生产经营单位与生产经营单位之间必须签订书面安全生产管理协议,明确各自的安全生产管理职责和安全措施,指定专职的安全生产管理人员进行安全检查与协调。《中华人民共和国安全生产法》规定:两个以上生产经营单位在同一作业区域内进行生产经营活动,可能危及对方生产安全的,应当签订安全生产管理协议,明确各自的安全生产管理职责和应当采取的安全措施,并指定专职安全生产管理人员进行安全检查与协调	**查资料**: 1.检查相关方之间的安全生产管理协议; 2.查专职安全生产管理人员台账及证明文件。 **现场检查**: 检查相关方作业现场管理	5	1.有相关方但未签订安全生产管理协议书的,一项扣2分; 2.安全生产协议书内容不符合要求,一项扣1分; 3.无专职安全管理人员,扣3分; 4.无现场安全检查和协调记录的,扣1分	

续上表

评价类目	评价项目	释义	评价方法	标准分值	评价标准	得分
九、生产过程管理(260分)	3.相关方管理	③企业应建立相关方台账和档案,根据其作业行为定期识别作业过程中存在的风险,并采取有效的控制措施	货物运输站场经营企业如果存在招租经营方式的,货运站经营企业应与其他货运站经营业务单位、修理厂等相关方对进入同一作业区的进行统一安全管理,建立合格相关方的名录和档案,根据服务作业行为定期识别服务行为风险,并采取行之有效的控制措施	查资料: 1.查相关方安全生产行为风险识别记录; 2.查相关方安全生产检查记录; 3.查看相关方安全生产检查风险有无控制措施	5	1.无相关方安全生产行为风险识别记录,扣2分; 2.无相关方安全生产检查记录,扣2分; 3.无相关方安全生产检查风险控制措施,扣1分	
	4.车辆管理	①企业应根据需要配置用于装卸搬运工作的作业车辆	货物运输站场经营企业应该根据企业规模、货物类别等配置一定数量的用于装卸搬运工作的作业车辆	查资料: 1.查企业装卸、搬运作业车辆台账; 2.查装卸、搬运作业车辆安全管理制度。 现场检查: 企业有无装卸搬运工作的作业车辆	5	1.企业无装卸、搬运作业车辆,不得分; 2.装卸、搬运作业车辆无安全管理制度,扣3分	

续上表

评价类目	评价项目		释　义	评价方法	标准分值	评价标准	得分
九、生产过程管理(260分)	4.车辆管理	②企业应按规定配备专门的车辆安全例检人员	货运站应具有与其经营规模、经营类别相适应的安全管理人员和专业技术人员。从事车辆安全检视的必须熟悉《道路运输车辆维护管理规定》《机动车安全运行条件》《汽车维护、检测、诊断技术规范》《营运车辆技术等级划分和评定要求》等法规、标准，对进出站车辆进行安全检查登记。车辆安全例检人员，负责车辆安全检查管理人员和车辆安全例检人员都应取得相关部门从业资格、通过企业岗前专业技能培训	**查资料：** 1.查企业安全例检人员的聘用考核相关文件、台账、档案记录等； 2.查企业安全例检人员相关证件登记档案。 从事车辆安全检视的必须熟悉《道路运输车辆维护管理规定》《机动车安全运行条件》《汽车维护、检测、诊断技术规范》《营运车辆技术等级划分和评定要求》等法规、标准，对进出站车辆进行安全检查登记	10	1.未足额配备车辆安全例检员的，每人次扣2分； 2.安全例检员未持证的，每人次扣2分； 3.随机抽查,安全例检人员对职责不熟悉,扣3分	

续上表

评价类目	评价项目		释义	评价方法	标准分值	评价标准	得分
九、生产过程管理(260分)	4.车辆管理	③企业应设有健全的安全检查制度和流程,对出站车辆进行安全检查,防止超载、超限车辆或者未经安全检查的车辆出站	道路货物运输站(场)担负着道路货物运输安全职责,道路货物运输站(场)经营企业必须严格履行对进出货运站货运车辆的安全检查,杜绝超载、超限等不符合安全要求的车辆出站。按照《道路货物运输及站场管理规定》要求,从事货运站经营的应当有健全安全管理制度和流程,制定相应安全操作规程,对出站车辆进行安全检查,不得超载、超限车辆或者未经安全检查的车辆出站	**查阅资料:** 查企业安全管理制度及工作流程相关文件。 **现场检查:** 抽检企业安全检查制度和工作流程执行情况	10 ★★	1. 无安全管理制度和相应安全操作流程的,扣5分; 2. 未对出站车辆进行安全检查登记的,存在超限、超载配货的,发现一起扣5分	

续上表

评价类目	评价项目		释义	评价方法	标准分值	评价标准	得分
九、生产过程管理(260分)	4.车辆管理	④企业应建立并规范填写车辆安全检查台账	此条主要是强调道路货物运输站(场)经营企业应该加强对出站货运车辆安全检查记录,为企业有效履行安全责任提供依据。按照《道路货物运输及站场管理规定》规定:货运站经营者应当建立和完善各类台账和档案,并按要求报送有关信息。货运站应建立健全车辆进出、装载、配载登记、统计制度和档案。因此,道路货物运输站(场)经营企业应严格按照法律规定规范制定车辆安全检查台账,及时登记检查,杜绝不符合安全要求车辆出站。车辆检查内容包括:车辆基本信息车辆证件、货物品名、货物类别、货物重量货物运输起止地点、驾驶员基本信息等	**查资料:** 查企业建立企业车辆安全检查相关制度要求和台账档案。 **现场检查:** 抽查连续12个月的企业车辆安全检查台账看是否按要求填制,有无缺项漏项和存在不合格填制项目	5	1.未按规定内容进行填写车辆出站安全检查台账,每发现一项扣2分; 2.车辆安全检查台账有缺项漏项和存在不合格填写项目的,一次扣1分	

续上表

评价类目		评价项目	释　义	评价方法	标准分值	评价标准	得分
九、生产过程管理(260分)	5.仓储库	①企业仓储库的设置应满足 JT/T 40—2016 和 GB 50016—2014 相关要求	具体见《公路货运站站级标准及建设要求》（JT/T 402—2016)和《建筑设计防火规范》(GB 50016—2014)	**询问及现场检查** 询问货运站（场）级别并现场观察实际情况及消防规定执行情况	5	仓储库的设置不符合《公路货运站站级标准及建设要求》（JT/T 402—2016)和《建筑设计防火规范》(GB 50016—2014)，不得分	
		②企业各类仓库应分区设置。零担货棚和仓储货棚应与相应仓库位于同一区域	分区分类堆放，并以道路衔接保持良好的作业联系,零担货棚和仓储货棚应与相应仓库位于同一区域	**现场检查：** 1. 检查仓储库区域设置及分区情况； 2. 检查仓储库区道路和标识及划线等	5	1. 未分区分类的,扣3分； 2. 未标识及划线不清楚或不符合要求的,扣2分	

续上表

评价类目		评价项目	释　义	评价方法	标准分值	评价标准	得分
九、生产过程管理(260分)	5.仓储库	③企业零担库和集装箱拆装箱库应建成高站台仓库,站台宽度不少于3m,高度取1.2~1.3m,两端设置斜坡,并装设货物装卸升降台	根据《汽车货运站级别划分和建设要求》规定,零担库和集装箱拆装箱库应建成高站台仓库,站台宽度不少于3m,高度取1.2~1.3m,两端设置斜坡,并装设升降台	现场检查: 1.检查零担库和集装箱拆装箱库是否建成高站台仓库; 2.检查高站台仓库设置是否符合规范要求	5	1.零担库和集装箱拆装箱库未建成高站台仓库,不得分; 2.高站台仓库不符合规范要求,不得分	
		④企业仓储库保管员应熟悉储存物品的分类、性质和消防安全知识,掌握消防器材的操作使用和维护方法,掌握初期火灾的扑救方法和程序	货物运输站场经营企业根据企业规模及仓库分类,设置相应的仓库保管员,仓储库保管员应熟悉储存物品的分类、性质和消防安全知识,掌握消防器材的操作使用和维护方法,掌握初期火灾的补救方法和程序	现场询问: 1.询问仓储库保管员是否熟悉储存物品的分类、性质和消防安全知识,掌握消防器材的操作使用和维护方法; 2.询问仓库保管员初期火灾的补救方法和程序	5	1.仓库保管员不熟悉企业储存物品的分类、性质和消防安全知识,未掌握消防器材的操作使用和维护方法的,不得分; 2.仓库保管员不熟悉初期火灾的补救方法和程序,不得分	

续上表

评价类目		评价项目	释义	评价方法	标准分值	评价标准	得分
九、生产过程管理(260分)	5.仓储库	⑤企业物品入库前应由专人负责检查,确认无火种等隐患后,方准入库	货物运输站场经营企业物品入库前应由专人负责检查,确认物品的品名、型号及无火种等隐患后,方准入库	现场检查: 检查企业入库现场有无专人负责检查。 现场询问: 询问企业入库负责人物品入库检查流程	5	1.企业无入库前现场负责人员,不得分; 2.企业物品入库前现场负责人员不熟悉入库检查流程,扣3分	
		⑥企业仓储库储存物品的火灾危险性应按 GB 50016—2014 的规定分为甲、乙、丙、丁、戊五类分类存放	货物运输站场经营企业对于仓储库存储物品的火灾危险性按照《建筑设计防火规范》(GB 50016—2013)的划分要求分类存放,可分为甲、乙、丙、丁、戊五类分类存放	现场检查: 检查现场仓储库是否分类存放	5	企业仓储库没有分类存放,不得分	

续上表

评价类目		评价项目	释 义	评价方法	标准分值	评价标准	得分
九、生产过程管理(260分)	5.仓储库	⑦企业库房储存物资应严格按划定的堆装区域和核定的存放量储存	货物运输站场经营企业仓储库存放物资应该严格按划定的堆装区域和核定的存放量储存	现场检查： 1.检查仓储库储存物资是否放置在划定的堆装区域； 2.检查仓储库堆装区域存放货物是否符合存放量储存要求	5	1.物品堆放未放置在划定的堆装区域,扣3分； 2.堆装区域存放货物超过存放量储存要求,扣2分	
		⑧企业库房内储存物品应分类堆放、限额存放,每个堆垛的面积应不大于150m²,库房内主通道的宽度应不小于2m	根据《仓储场所消防安全管理通则》(GA 1131—2014)的相关规定,企业库房内储存物品应分类堆放、限额存放,每个堆垛的面积应不大于150m²,库房内主通道的宽度应不小于2m	现场检查： 1.检查仓储库是否限额存放； 2.检查仓储库区物品堆垛面积是否符合规范要求； 3.检查仓储区的主要通道宽度是否符合规范要求	5	1.物品超过限额存放,扣2分； 2.物品堆垛面积不符合规范要求,扣2分； 3.仓储区的主要通道宽度不符合规范要求,扣1分	

续上表

评价类目		评价项目	释 义	评价方法	标准分值	评价标准	得分
九、生产过程管理(260分)	5.仓储库	⑨企业仓储电气装置应符合JGJ 16—2008规定,电器设备与可燃物的防火间距应不小于0.5m	货物运输站场经营企业仓储电气装置应该按照《民用建筑电气设计规范》JGJ 16—2008的规定要求,电器设备与可燃物的防火间距应不小于0.5m	现场检查:检查电器设备与可燃物的防火间距是否不小于0.5m	5	企业仓储库现场,电器设备与可燃物的防火间距小于0.5m,不得分	
		⑩企业仓储库的电器设备应由专人管理,电气线路、电气设备应定期检查、检测,禁止超时间、超负荷运行	道路货物运输站场经营企业必须严格依照电气安全管理规程要求,加强电气安全管理工作,防止发生触电事故,确保作业人员生产过程中的安全。企业应配备电器设备专业管理人员,确保仓储库的电器安全	查资料: 1.电气安全管理规程; 2.电气设备日常维护记录情况。 现场检查:电气设备是否符合国家相关使用设计规范	10	1.无电气安全管理操作规程的,扣3分; 2.无电气设备日常维护记录情况的,扣3分; 3.企业无专人管理安全电气设备,扣4分	

续上表

评价类目	评价项目		释义	评价方法	标准分值	评价标准	得分
九、生产过程管理(260分)	6.警示标志	企业存在危险因素的作业场所和设备设施,应设置明显的安全警示标志,警示、告知危险种类、后果及应急措施	在有较大危险因素的生产经营场所和有关设施、设备上,设置明显的安全警示标志是《中华人民共和国安全生产法》对企业提出的明确法规要求。道路货物运输站场经营企业应按照《安全标志》(GB 2894—2008)要求,针对企业存在危险因素的作业场所的实际情况,设置明显的安全警示标志,进行危险提示、警示,告知危险的种类、后果及应急措施等	**现场检查:** 相关场所和设备设施是否按要求设置安全警示标志	5	未按要求在相关场所和设备设施设置警戒区域和明显安全警示标志的,每处扣2分	

续上表

评价类目		评价项目	释义	评价方法	标准分值	评价标准	得分
九、生产过程管理(260分)	7.消防安全管理	①企业主要负责人是本单位的消防安全责任人,对本单位的消防安全工作全面负责	《中华人民共和国消防法》第十六条第二款规定:单位的主要负责人是本单位的消防安全责任人。消防安全责任人是对单位的消防安全工作全面负责的人。一般法人单位的法定代表人或非法人单位的主要负责人是单位的消防安全责任人	查资料: 主要负责人消防安全责任制文件	5	1. 无消防安全责任制文件,不得分; 2. 未明确单位的主要负责人是本单位的消防安全责任人,不得分	
		②企业应制定年度消防工作计划,制定消防安全工作的资金投入和组织保障方案	《中华人民共和国消防法》第十六条第一款规定:机关、团体、企业、事业等单位应当履行下列消防安全职责:落实消防安全责任制,制定本单位的消防安全制度、消防安全操作规程,制定灭火和应急疏散预案	查资料: 1. 查是否有符合本单位实际的年度消防工作计划; 2. 查是否有符合企业实际的消防安全工作的资金投入和组织保障方案	5	1. 无符合本单位实际的年度消防工作计划,扣2分; 2. 无有符合企业实际的消防安全工作的资金投入和组织保障方案,扣3分	

续上表

评价类目	评价项目	释义	评价方法	标准分值	评价标准	得分
九、生产过程管理(260分)	7.消防安全管理	③企业应将容易发生火灾、一旦发生火灾可能严重危及人身和财产安全以及对消防安全有重大影响的部位确定为消防安全重点部位,设置明显的防火标志,实行严格管理	容易发生火灾的部位主要是指火灾危险性较大,或发生火灾危害性大,以及发生火灾后影响人员安全疏散等部位。单位要结合实际将容易发生火灾的部位确定为消防安全管理的重点部位。如生产企业的油罐区、储存易燃易爆物品仓库、生产工艺流程中易出现险情的部位;公众聚集场所中人员聚集的厅、室、疏散通道、舞台等部位;单位内部的贵重物品室、档案资料室、精密仪器室、加油站等以及与火灾扑救密切相关的配电房、消防控制室、消防水泵房、消防电梯机房等部位。具备上述特征的部位都与单位的消防安全密切相关,必须采取严格的措施加强管理,确保消防安全	**查资料:** 1.有消防安全重点部位标识、记录文件; 2.消防安全重点部位有明显防火标志	5	1.无消防安全重点部位标识、记录文件不得分; 2.无防火标识或标识不明显扣3分	

续上表

评价类目	评价项目		释 义	评价方法	标准分值	评价标准	得分
九、生产过程管理(260分)	8.火灾预防	①企业应按GB 50140—2005的规定配备相应等级和危险类别的消防控制和火灾报警系统、消防给水系统、泡沫/干粉灭火系统等消防设备设施、器材,并设置消防安全标志	公众集聚场所的防火分区是非常重要的,完好有效的防火分区设施将保证火灾发生时,火灾蔓延将得到有效的控制,防火分区分横向分隔和纵向分隔,都有着不可取代的重要作用。汽车货运站分四级,1.2.3级的货运站防耐火等级不低于二级,4级货运站不低于三级。企业应该按照《建筑灭火器配置设计规范》(GB 50140—2005)的相关要求设备相应的设施、器材和消防安全标志	**查资料:** 1.有完善的消防控制和火灾报警系统、消防给水系统、灭火系统等消防设备设施、器材,各系统、设备完好可用; 2.有消防验收文件。 **现场检查:** 1.现场是否存在消防控制和火灾报警系统、消防给水系统、泡沫/干粉灭火系统等消防设备设施、器材; 2.现场有无消防安全标志	10 AR	1.企业无消防验收文件,不得分; 2.现场安全消防设备及器材不足或无效的,每处扣1分; 3.现场无消防安全标志,每处扣1分	

续上表

评价类目	评价项目	释义	评价方法	标准分值	评价标准	得分
九、生产过程管理(260分)	8.火灾预防	②企业应制定并执行防火安全检查、巡查制度，按要求开展防火检查和防火巡查。消防安全重点单位应当进行每日防火巡查，并确定巡查的人员、内容、部位和频次。其他单位可以根据需要组织防火巡查。企业应当至少每月进行一次防火巡查	道路货物运输站场经营企业应制定防火安全检查、巡查制度，防火安全检查、巡查制度应符合道路货物运输站场经营企业实际情况，涵盖内容全面并保证严格落实执行，并做好记录。涉及消防安全重点单位应当进行每日防火巡查，并确定巡查的人员、内容、部位和频次。其他单位可以根据需要组织防火巡查。企业应当至少每月进行一次防火巡查	查资料：1.查防火安全检查、巡查制度；2.查防火安全检查、巡查记录	5	1.无防火安全检查、巡查制度，每缺一项扣2分；2.无防火安全检查、巡查记录的，每缺一项扣2分	
		③企业应制定并落实火灾隐患整改责任制。防火检查、防火巡查中发现的火灾隐患应按要求落实至责任部门、责任人，并及时整改	道路货物运输站场经营企业应按规定制定火灾隐患整改责任制，应明确整改责任人、整改措施等相关要求，对于防火检查、防火巡查中发现的火灾隐患应按要求落实至责任部门、责任人，并及时整改	查资料：1.查火灾隐患整改责任制；2.查看整改记录	5	1.无火灾隐患整改责任制的，不得分；2.无火灾隐患整改记录，不得分	

续上表

评价类目	评价项目		释义	评价方法	标准分值	评价标准	得分
九、生产过程管理(260分)	8.火灾预防	④企业应对动用明火实行严格的消防安全管理,在具有火灾、爆炸危险的场所不得使用明火;因特殊情况需要进行电、气焊等明火作业的,动火部门和人员应按照用火管理制度办理审批手续,落实现场监护人,在确认无火灾、爆炸危险后方可动火作业。动火作业人员应遵守消防安全规定,并落实相应的消防安全措施	道路货物运输站场经营企业应根据企业消防安全管理规定对动用明火实行严格的消防安全管理,在具有火灾、爆炸危险的场所不得使用明火;因特殊情况需要进行电、气焊等明火作业的,动火部门和人员应按照用火管理制度办理审批手续,落实现场监护人,在确认无火灾、爆炸危险后方可动火作业。动火作业人员应遵守消防安全规定,并落实相应的消防安全措施	**查资料**: 1.查企业消防安全管理规定; 2.查企业用火管理制度; 3.查动火作业审批记录	5	1.无企业消防安全管理规定,不得分; 2.企业无用火管理制度,不得分; 3.无动火作业审批记录,扣3分	

续上表

评价类目	评价项目		释义	评价方法	标准分值	评价标准	得分
九、生产过程管理(260分)	8.火灾预防	⑤企业应制定消防设备设施及器材管理制度,消防器材及设施应有专人负责,定期组织检验、维修,保存检验、维修记录	消防器材及设施应有专人负责管理,包括对器材设施的日常维护,定期检验维修等,并应做好相应记录,保证所有消防器材可靠、有效、随时可用	查资料: 1. 查消防设施及器材管理制度; 2. 查消防设施及器材明确责任人的文件; 3. 查消防设施及器材检验维修记录	5	1. 无管理制度不得分; 2. 无明确负责人文件不得分; 3. 无消防设施及器材检修记录,扣三分	
		⑥企业应保障安全出口、疏散通道及消防车通道的畅通,消防通道应有明显的指示标志	道路货物运输站场经营企业应该按照《建筑设计防火规范》(GB 50016—2014),合理设计、管理本单位安全出口、疏散通道及消防车通道。安全出口、疏散通道及消防车通道不得被侵占或挪作他用,并应有明显的指示标志	现场检查: 1. 查所有消防通道是否畅通; 2. 查消防通道是否有明显的指示标志	5	1. 消防通道不畅通的,一处扣2分; 2. 消防通道无明显的指示标识的,一处扣2分	

续上表

评价类目	评价项目		释 义	评价方法	标准分值	评价标准	得分
九、生产过程管理(260分)	9.消防宣传教育	①企业应通过多种形式开展经常性的消防安全宣传教育。宣传教育和培训内容应包括： a.有关消防法规、消防安全制度和保障消防安全的操作规程； b.本单位、本岗位的火灾危险性和防火措施； c.有关消防设施的性能、灭火器材的使用方法； d.报火警、扑救初起火灾以及自救逃生的知识和技能	企业应定期开展消防安全宣传教育活动，包括但不限于观看纪录片、组织专业消防知识学习、举行消防知识竞赛等。通过多种手段使企业员工掌握必要的消防安全知识	**查资料：** 1.查消防安全宣传教育图片、视频等记录文件； 2.查宣传教育和培训内容是否涵盖各部分内容	5	1.无相关宣传教育和培训等记录文件不得分； 2.宣传教育和培训内容涵盖不齐全，缺一项扣1分	

续上表

评价类目	评价项目	释义	评价方法	标准分值	评价标准	得分
九、生产过程管理(260分)	9.消防宣传教育	②企业应组织新上岗和进入新岗位的员工进行上岗前的消防安全培训	道路货物运输站场经营企业对新入职人员的三级教育及对转岗人员的教育，应包括消防安全培训的内容	查资料：查员工三级教育记录是否有消防安全培训的内容	5	三级教育记录无消防安全培训内容的，不得分
		③企业消防安全责任人、专兼职消防管理人员、消防控制室的值班、操作人员应接受消防安全专门培训，其中消防控制室值班、操作人员应持证上岗	企业消防安全责任人、消防安全管理人员及专、兼职消防管理人员应具备相应的消防专业知识，接受消防安全知识的专门培训	查资料：1.查相关培训记录文件；2.查消防控制室值班、操作人员证件	5	1.无相关培训记录，不得分；2.消防控制室值班、操作人员未持证，缺一项扣1分	

续上表

评价类目	评价项目		释　义	评价方法	标准分值	评价标准	得分
十、风险管理（60分）	1.一般要求	企业应依法依规建立健全安全生产风险管理制度，开展本单位管理范围内的风险辨识、评估、管控等工作，落实重大风险登记、重大危险源报备责任，防范和减少安全生产事故	依据《公路水路行业安全生产风险管理暂行办法》（交安监发〔2017〕60号）第三条明确要求：从事公路水路行业生产经营活动的企事业单位（以下简称生产经营单位）是安全生产风险管理的实施主体，应依法依规建立健全安全生产风险管理工作制度，开展本单位管理范围内的风险辨识、评估等工作，落实重大风险登记、重大危险源报备和控制责任，防范和减少安全生产事故	**查资料：** 1.查企业安全生产风险管理工作制度（应含重大风险管理内容）和重大危险源管理制度（含辨识、报备和管控等内容）； 2.查企业安全生产风险辨识、评估方法（或规则）； 3.查本单位管理范围内的风险辨识、评估等工作的记录； 4.查重大风险登记、报备，重大危险源辨识、建档、报备和控制等工作记录	5 AR	1.未制定发布企业安全生产风险管理工作制度，内容不符合要求的，不得分； 2.未制定发布企业安全生产风险辨识、评估指南（或规则）扣2分； 3.无风险辨识、评估等工作的记录，扣2分；不全面或缺失，扣1分； 4.重大风险未登记或报备，扣1分； 5.未开展重大危险源辨识、建档、报备和控制等工作，缺一项扣1分	

续上表

评价类目	评价项目		释　义	评价方法	标准分值	评价标准	得分
十、风险管理(60分)	2.风险辨识	①企业应制定风险辨识规则,明确风险辨识的范围、方式和程序	依据《公路水路行业安全生产风险管理暂行办法》(交安监发〔2017〕60号)第十一条明确要求:生产经营单位应针对本单位生产经营活动范围及其生产经营环节,按照相关法规标准要求,编制风险辨识规则,明确风险辨识范围、方式和程序。 风险辨识是指在风险事故发生之前,人们运用各种方法系统的、连续的认识所面临的各种风险以及分析风险事故发生的潜在原因。风险辨识过程包含感知风险和分析风险两个环节。为更好地开展风险辨识工作,企业应制定风险辨识规则,明确辨识的范围、方式和程序等内容,指导工开展风险辨识工作。风险辨识的范围应包含了企业所有人员、作业、过程和场所,辨识方式适合企业各岗位需求,辨识程序全面、合规	**查资料:** 风险辨识规则文件	5	1.未编制风险辨识规则,不得分; 2.风险辨识规则中风险辨识范围、方式和程序等内容不符合、不完善的,每缺一项扣1分	

续上表

评价类目	评价项目		释　义	评价方法	标准分值	评价标准	得分
十、风险管理（60分）	2.风险辨识	②风险辨识应系统、全面,并进行动态更新	企业风险是一个复杂的系统,其中包括不同类型、不同性质、不同损失程度的各种风险,故对风险进行识别,应该全面系统地考察、了解各种风险事件存在和可能发生的概率以及损失的严重程度,风险因素及因风险的出现而导致的其他问题。因此,必须系统、全面了解各种风险的存在和发生及其将引起的损失后果的详细情况,以便及时而清楚地为决策者提供比较完备的决策信息。同时,风险随生产工艺、装备和过程变化、环境变化、人的因素和管理的变化,风险致险因素、危害程度等也发相变化,相应的控制方法和措施也应随之改变,因此应进行动态更新	**查资料：** 查风险辨识清单。 **现场检查：** 　　检查重点作业场所、关键岗位、设备存在的风险	5	1.风险清单辨识不全面,每缺一项扣1分； 2.风险清单未及时更新,扣2分	

续上表

评价类目	评价项目		释义	评价方法	标准分值	评价标准	得分
十、风险管理（60分）	2.风险辨识	③风险辨识应涉及所有的工作人员（包括外部人员）、工作过程和工作场所。安全生产风险辨识结束后应形成风险清单	风险辨识是运用各种方法对尚未发生的潜在风险以及客观存在的各种风险进行系统归类和全面识别。风险辨识不是一次能够完成的，它应该在整个安全生产过程中定期而有计划地进行，具有广泛性、全生命周期和信息依赖性，因为安全生产参与成员的工作性质不同，所面临的风险也会有所不同，他们都有自己独特的生产经历和风险管理经验，可以为识别生产的风险提供更多的途径。同时，由于生产由不同分工协助组合完成，风险辨识将涉及财务、工艺、设备、技术、管理等多个的不同知识领域；另外，风险存在于产品生产生命期的各个阶段中，不同阶段会出现影响程度不同的风险，随着生产过程、条件（含场所）、环境、范围等的不断变化，新的风险又会产生，从而又需要开展新一轮的风险识别。总之，风险识别必然贯穿于生产的全过程和所有场所。风险辨识成果之一，就是形成风险清单	**查资料：** 查风险辨识清单	3	风险清单未涉及所有的工作人员（包括外部人员）、工作过程和工作场所，每缺一项扣1分	

续上表

评价类目	评价项目		释 义	评价方法	标准分值	评价标准	得分
十、风险管理（60分）	3.风险评估	①企业应从发生危险的可能性和严重程度等方面对风险因素进行分析,选定合适的风险评估方法,明确风险评估规则	风险评估是指风险识别、风险分析和风险评价的全过程。通过选择合适的评估方法对存在的安全生产风险和有害因素进行评估,确定风险程度和等级,并根据评估结果采取针对性的控制措施,确保风险控制在可接受的范围之内。企业应编制风险评价规则,规则应根据不同岗位、过程和场所辨识风险,从发生危险的可能性和严重程度等方面对风险因素进行分析,推荐选择采用合适的风险评估方法	**查资料：**查风险评估规则	2	1.企业无风险评价规则,不得分；2.规则未包含风险评价方法选择、评价人员资历、评价程序、评价记录、评价报告编制和归档等要求,缺一项扣1分	
		②企业应依据风险评估规则,对风险清单进行逐项评估,确定风险等级	企业应依据风险评估规则,对风险清单,选择合适评价方法进行逐项评估,确定风险等级	**查资料：**1.查风险分析记录、风险评价报告；2.查风险清单；3.查重大风险清单	5	1.无风险分析记录、风险评价报告,不得分；每缺一项,扣0.5分；2.风险清单无风险等级,不得分；未全部评出风险等级,扣1分；3.风险等级判定不准确,每条扣1分；4.企业未列出重大风险清单,不得分	

续上表

评价类目	评价项目	释义	评价方法	标准分值	评价标准	得分
十、风险管理（60分）	4.风险控制	①企业应根据风险评估结果及经营运行情况等，按以下顺序确定控制措施： a.消除； b.替代； c.工程控制措施； d.设置标志警告和（或）管理控制措施； e.个体防护装备等	企业应根据风险评价的结果及经营运行情况等，确定不可接受的风险，制定并落实控制措施，将风险尤其是重大风险控制在可以接受的程度；风险控制措施符合相关标准要求。企业在选择风险控制措施时： ①应考虑： a.可行性； b.安全性； c.可靠性。 ②应包括： a.工程技术措施； b.管理措施； c.培训教育措施； d.个体防护措施。 ③应按照以下顺序确定控制措施： a.消除； b.替代； c.工程控制措施； d.设置标志警告和（或）管理控制措施； e.个体防护装备等	查资料： 1.查风险控制措施相关文件记录； 2.查风险控制措施是否符合规定的控制顺序要求。 现场检查结合询问： 查重点场所、关键岗位和设备设施的风险控制措施	5	1.文件未明确企业应根据风险评估结果及经营运行情况等，按上述顺序确定控制措施，不得分； 2.风险控制措施不符合相关标准要求，扣1分； 3.重点场所、岗位、设备设施的风险控制措施不明确、不合理、不符合要求，每处扣1分	

续上表

评价类目	评价项目		释义	评价方法	标准分值	评价标准	得分
十、风险管理（60分）	4.风险控制	②企业应将安全风险评估结果及所采取的控制措施告知相关从业人员，使其熟悉工作岗位和作业环境中存在的安全风险，掌握、落实应采取的控制措施	《中华人民共和国安全生产法》第四十一条规定：生产经营单位应当教育和督促从业人员严格执行本单位的安全生产规章制度和安全操作规程；并向从业人员如实告知作业场所和工作岗位存在的危险因素、防范措施以及事故应急措施。故企业应将安全风险评估结果及所采取的控制措施告知相关从业人员，使其熟悉工作岗位和作业环境中存在的安全风险，掌握、落实应采取的控制措施	**查资料：**企业将安全风险评估结果及所采取的控制措施告知相关从业人员的告知文件、记录等活动档案，或告知交底档案文件资料，或岗前教育等相关活动记录。**询问：**询问2名业人员是否熟悉本岗位安全风险评估结果及所采取的控制措施	5	1.企业无安全风险评估结果及所采取的控制措施告知相关从业人员的告知的文件、记录等活动档案，或告知交底档案文件资料，或岗前教育等相关活动记录，扣2分；2.有关人员不熟悉工作岗位和作业环境中存在的安全风险，每人扣1分；3.不掌握或未落实应采取的控制措施，每处扣1分	

续上表

评价类目	评价项目		释义	评价方法	标准分值	评价标准	得分
十、风险管理（60分）	4.风险控制	③企业应建立风险动态监控机制，按要求对风险进行控制和监测，及时掌握风险的状态和变化趋势，以确保风险得到有效控制	《公路水路行业安全生产风险管理暂行办法》（交安监发〔2017〕60号）第十八条规定：生产经营单位应建立风险动态监控机制，按要求进行监测、评估、预警，及时掌握风险的状态和变化趋势。风险动态监控对风险的发展与变化情况进行全程监督，并根据需要进行应对策略的调整。因为风险是随着内部外部环境的变化而变化的，它们在决策主体经营活动的推进过程中可能会增大或者衰退乃至消失，也可能由于环境的变化又生成新的风险。风险动态监控就是通过对风险规划、识别、估计、评价、应对全过程的监视和控制，从而保证风险管理能达到预期的目标，它是项目实施过程中的一项重要工作	查资料： 1.查风险动态监控管理制度； 2.查风险动态监控记录	3	1.企业未制定风险动态监控制度，不得分； 2.制度未明确监控项目、参数、责任人员、频次和方法等要求；每缺一项，扣1分； 3.无风险动态监控记录，不得分；缺少一项监控记录扣1分； 4.企业风险控制未有效控制的，每项扣1分	

续上表

评价类目	评价项目	释义	评价方法	标准分值	评价标准	得分
十、风险管理（60分）	5.重大风险管控	①企业对重大风险进行登记建档，设置重大风险监控系统，制定动态监测计划，并单独编制专项应急措施	《公路水路行业安全生产风险管理暂行办法》（交安监发〔2017〕60号）第二十四条规定：生产经营单位应如实记录风险辨识、评估、监测、管控等工作，并规范管理档案。重大风险应单独建立清单和专项档案。 第二十六条规定： （一）对重大风险制定动态监测计划，定期更新监测数据或状态，每月不少于1次，并单独建档； （二）重大风险应单独编制专项应急措施。 企业对确定认的重大风险都应按照规定登记建档。重大风险档案主要内容包括基本信息、管控信息、预警信息和事故信息等	查资料： 1.查企业重大风险登记档案； 2.查重大风险监控系统及动态监测计划； 3.查重大风险的专项应急措施	5★★	1.企业未建立重大风险登记档案，不得分；重大风险档案内容不全，扣1分； 2.重大风险监控系统填报不及时或不正确，扣1分； 3.未制定动态监测计划，不得分；计划不全面，扣1分； 4.无针对重大风险的专项应急措施，扣2分； 5.重大风险的专项应急措施不正确或不全面。每项扣1分	

续上表

评价类目	评价项目	释 义	评价方法	标准分值	评价标准	得分
十、风险管理（60分）	5.重大风险管控	②企业应当在重大风险所在场所设置明显的安全警示标志，对进入重大风险影响区域的人员组织开展安全防范、应急逃生避险和应急处置等相关培训和演练	《公路水路行业安全生产风险管理暂行办法》（交安监发〔2017〕60号）第二十八条规定：生产经营单位应当在重大风险所在场所设置明显的安全警示标志，标明重大风险危险特性、可能发生的事件后果、安全防范和应急措施。第二十七条规定：生产经营单位应对进入重大风险影响区域的本单位从业人员组织开展安全防范、应急逃生避险和应急处置等相关培训和演练	现场检查：重大风险所在场所。查资料：查培训和演练的计划和记录	5	1.现场未设置明显的安全警示标志，每处扣2分；2.未标明重大风险危险特性、可能发生的事件后果、安全防范和应急措施，缺一项扣1分；3.无培训计划或演练计划，扣1分；4.无培训记录或培训记录不全，扣2分；5.无演练记录或记录不全，扣1分；无演练总结，扣1分	

续上表

评价类目	评价项目		释义	评价方法	标准分值	评价标准	得分
十、风险管理（60分）	5.重大风险管控	③企业应当将本单位重大风险有关信息通过公路水路行业安全生产风险管理信息系统进行登记，构成重大危险源的应向属地负有安全生产监督管理职责的交通运输管理部门备案	《公路水路行业安全生产风险管理暂行办法》（交安监发〔2017〕60号）第三十条规定：生产经营单位应当将本单位重大风险有关信息通过公路水路行业安全生产风险管理信息系统进行登记，构成重大危险源的应向属地综合安全生产监督管理部门备案。登记（含重大危险源报备，下同）信息应当及时、准确、真实	**查系统：** 1.查本单位重大风险通过公路水路行业安全生产风险管理信息系统进行登记的记录； 2.查重大危险源通过系统向属地综合安全生产监督管理部门备案的记录。 **查资料：** 查重大危险源备案资料	2 ★★★	1.应将本单位重大风险有关信息通过公路水路行业安全生产风险管理信息系统进行登记； 2.重大危险源应通过系统向属地综合安全生产监督管理部门备案，或报送备案资料； 3.登记（含重大危险源报备，下同）信息应及时、准确、真实	
		④重大风险经评估确定等级降低或解除的，企业应于规定的时间内通过公路水路行业安全生产风险管理系统予以销号	《公路水路行业安全生产风险管理暂行办法》（交安监发〔2017〕60号）第三十六条规定：重大风险经评估确定等级降低或解除的，生产经营单位应于5个工作日内通过公路水路行业安全生产风险管理系统予以销号	**查资料、系统：** 1.查重大风险评估报告； 2.查通过公路水路行业安全生产风险管理信息系统进行登记的记录	2	1.重大风险确定等级降低或解除的，生产经营单位未通过公路水路行业安全生产风险管理系统予以销号，不得分； 2.未在5个工作日内通过公路水路行业安全生产风险管理系统予以销号，扣1分	

续上表

评价类目	评价项目		释义	评价方法	标准分值	评价标准	得分
十、风险管理（60分）	6.预测预警	①企业应根据生产经营状况、安全风险管理及隐患排查治理、事故等情况，运用定量或定性的安全生产预测预警技术，建立企业安全生产状况及发展趋势的安全生产预测预警机制	预测预警是通过安全风险管理及隐患排查治理，查找导致危险前兆的根源，控制危险事态的进一步发展或将危险事件扼杀于萌芽状态，以减少危机的发生或降低危机危害程度的过程。预测预警的目的是当风险因素达到预警条件的，企业应及时发出预警信息，并立即采取针对性措施，防范安全生产事故发生；减少危机的发生或降低危机的破坏程度，实现企业的持续经营	**查资料：** 1. 查包含预测预警内容的制度文件； 2. 查定量或定性的安全生产预测预警技术的文件	5	1. 相关制度文件未包含预测预警要求内容，不得分； 2. 制度未规定运用定量或定性的安全生产预测预警技术，扣2分；定量或定性的安全生产预测预警技术不合适的，扣1分； 3. 未开展预测预警活动，扣3分； 4. 采用的预测预警技术不适合企业重大危险源或重大风险预测预警实际情况，扣1分； 5. 安全生产预测预警机制未定期评审，扣1分；未根据评审结果予以改进，扣1分	

续上表

评价类目	评价项目		释　义	评价方法	标准分值	评价标准	得分
十、风险管理（60分）	6.预测预警	②当风险因素达到预警条件的，企业应及时发出预警信息，并立即采取针对性措施，防范安全生产事故发生	当风险因素达到预警条件时，企业应及时发出预警信息，并根据重大风险应急预案立即启动一级预案，按照应急预案要求采取针对性控制措施，防范安全生产事故发生	**查资料：** 1.发出预警信息的风险因素达到预警条件的规定文件； 2.查启动应急预案的相关记录； 3.查针对性措施的相关记录和台账	3	1.未制定发出预警信息的风险因素达到预警的条件，每项扣1分； 2.达到预警条件，未发出预警，扣1分； 3.无启动应急预案的相关记录，扣1分； 4.无采用相关针对性措施的相关记录和台账，扣1分	

续上表

评价类目	评价项目		释　义	评价方法	标准分值	评价标准	得分
十一、隐患排查和治理（50分）	1.隐患排查	①企业应落实隐患排查治理和防控责任制，组织事故隐患排查治理工作，实行从隐患排查、记录、监控、治理、销账到报告的闭环管理	《中华人民共和国安全生产法》第三十八条规定：生产经营单位应当建立健全生产安全事故隐患排查治理制度，采取技术、管理措施，及时发现并消除事故隐患。《公路水路行业安全生产隐患治理管理暂行办法》（交安监发〔2017〕60号）第九条规定：生产经营单位应当建立健全隐患排查、告知（预警）、整改、评估验收、报备、奖惩考核、建档等制度，逐级明确隐患治理责任，落实到具体岗位和人员。企业应依据有关法律法规、标准规范等，制定隐患排查治理和防控制度，实行从隐患排查、记录、监控、治理、销账到报告的闭环管理	查资料： 1.隐患排查治理和防控制度； 2.隐患排查相关记录和报告	5 ★★★	1.企业应制定隐患排查治理和防控制度； 2.企业应明确隐患排查治理的责任部门和人员； 3.制度应明确安全隐患排查、记录、监控、治理、销账和报告等闭环要求	

续上表

评价类目	评价项目		释义	评价方法	标准分值	评价标准	得分
十一、隐患排查和治理（50分）	1.隐患排查	②企业应依据有关法律法规、标准规范等，组织制定各部门、岗位、场所、设备设施的隐患排查治理标准或排查清单，明确隐患排查的时限、范围、内容和要求，并组织开展相应的培训。隐患排查的范围应包括所有与生产经营相关的场所、人员、设备设施和活动，包括承包商和供应商等相关服务范围	依据《安全生产事故隐患排查治理暂行规定》（国家安全生产监督管理总局令第16号）、《公路水路行业安全生产隐患治理管理暂行办法》（交安监发〔2017〕60号）要求，组织制定各部门、岗位、场所、设备设施的隐患排查治理标准或排查清单，明确隐患排查的时限、范围、内容和要求，并组织开展相应的培训。隐患排查的范围应包括所有与生产经营相关的场所、人员、设备设施和活动，包括承包商和供应商等相关服务范围	查资料： 1.查隐患排查治理标准或排查清单； 2.查隐患排查方案和记录； 3.查培训的计划和记录	5 AR	1.未组织制定各部门、岗位、场所、设备设施的隐患排查治理标准或排查清单，扣2分，缺1项，扣0.5分； 2.未制定隐患排查方案，扣1分，隐患排查的时限、范围、内容和要求缺1项，扣0.5分； 3.隐患排查的范围未包括所有与生产经营相关的场所、环境、人员、设备设施和活动，每缺一项扣1分； 4.无开展相应的培训计划和记录，扣1分	

续上表

评价类目	评价项目		释　义	评价方法	标准分值	评价标准	得分
十一、隐患排查和治理（50分）	1.隐患排查	③生产经营单位应当建立事故隐患日常排查、定期排查和专项排查工作机制。日常排查每周应不少于1次，定期排查每半年应不少于1次，并根据政府及有关管理部门安全工作的专项部署、季节性变化或安全生产条件变化情况进行专项排查	《公路水路行业安全生产隐患治理管理暂行办法》（交安监发〔2017〕60号）第十一条规定：生产经营单位应当建立隐患日常排查、定期排查和专项排查工作机制，明确隐患排查的责任部门和人员、排查范围、程序、频次、统计分析、效果评价和评估改进等要求，及时发现并消除隐患。 第十二条规定：日常排查每周应不少于1次。 第十三条规定：隐患专项排查是生产经营单位在一定范围、领域组织开展的针对特定隐患的排查，一般包括： （一）根据政府及有关部门安全工作专项部署，开展针对性的隐患排查； （二）根据季节性、规律性安全生产条件变化，开展针对性的隐患排查；	**查资料：** 查隐患排查记录	5	1.未开展事故隐患日常排查、定期排查和专项排查工作，不得分；缺一项，扣2分； 2.日常排查每周少于1次，扣1分； 3.定期排查每半年少于1次，扣1分； 4.未根据政府及有关理部门安全工作的专项部署、季节性变化或安全生产条件变化情况进行专项排查的记录，扣2分	

续上表

评价类目		评价项目	释　义	评价方法	标准分值	评价标准	得分
十一、隐患排查和治理（50分）	1.隐患排查		（三）根据新工艺、新材料、新技术、新设备投入使用对安全生产条件形成的变化，开展针对性的隐患排查； （四）根据安全生产事故情况，开展针对性的隐患排查。 第十四条规定：定期排查每半年应不少于1次				
		④企业应填写事故隐患排查记录，依据确定的隐患等级划分标准对发现或排查出的事故隐患进行判定，确定事故隐患等级并进行登记，形成事故隐患清单。企业应将重大事故隐患向属地负有安全生产监督管理职责的交通运输管理部门备案	企业应根据《公路水路行业安全生产隐患治理管理暂行办法》（交安监发〔2017〕60号）中重大隐患的判定原则，制定企业重大隐患判定标准，依据确定的隐患等级划分标准对发现或排查出的事故隐患进行判定，确定事故隐患等级并进行登记，形成事故隐患清单。企业应通过系统将重大事故隐患向属地负有安全生产监督管理职责的交通运输管理部门备案	查资料： 1.查企业重大隐患判定标准文件； 2.查隐患排查记录； 3.查事故隐患清单； 4.企业通过系统将重大事故隐患向属地负有安全生产监督管理职责的交通运输管理部门备案记录	5 ★★	1.企业未制定本企业重大隐患判定标准，扣2分； 2.未依据确定的隐患等级划分标准对发现或排查出的事故隐患进行判定，扣1分； 3.未确定事故隐患等级并进行登记，形成事故隐患清单，扣2分； 4.无重大事故隐患向属地负有安全生产监督管理职责的交通运输管理部门备案记录。扣2分	

续上表

评价类目	评价项目		释义	评价方法	标准分值	评价标准	得分
十一、隐患排查和治理（50分）	2.隐患治理	①对于一般事故隐患，企业应按照职责分工立即组织整改，确保及时进行治理	《中华人民共和国安全生产法》第十八条中规定：督促、检查本单位的安全生产工作，及时消除生产安全事故隐患。《公路水路行业安全生产隐患治理管理暂行办法》（交安监发〔2017〕60号）第十九条规定：生产经营单位应对排查出的隐患立即组织整改，隐患整改情况应当依法如实记录，并向从业人员通报。故对于一般事故隐患，企业应按照职责分工立即组织整改，做到定治理措施、定负责人、定资金来源、定治理期限、定预案，确保及时进行治理	查资料：查隐患排查治理记录	5	1.企业未保留相关文件资料及活动记录，扣2分；2.未及时组织隐患治理或整改不到位，扣1分；3.未做到定治理措施、定负责人、定资金来源、定治理期限、定预案，缺一项扣0.5分；4.未落实一般安全隐患防范和整改措施，扣1分	

续上表

评价类目	评价项目		释义	评价方法	标准分值	评价标准	得分
十一、隐患排查和治理（50分）	2.隐患治理	②对于重大事故隐患，企业主要负责人组织制定专项隐患治理整改方案，并确保整改措施、责任、资金、时限和预案"五到位"。整改方案应包括： a.整改的目标和任务； b.整改方案和整改期的安全保障措施； c.经费和物资保障措施； d.整改责任部门和人员； e.整改时限及节点要求； f.应急处置措施； g.跟踪督办及验收部门和人员	《公路水路行业安全生产隐患治理管理暂行办法》（交安监发〔2017〕60号）第二十二条重大隐患整改应制定专项方案，包括以下内容： （一）整改的目标和任务； （二）整改技术方案和整改期的安全保障措施； （三）经费和物资保障措施； （四）整改责任部门和人员； （五）整改时限及节点要求； （六）应急处置措施； （七）跟踪督办及验收部门和人员。 《安全生产事故隐患排查治理暂行规定》（国家安全生产监督管理总局令第16号）企业应当按照国家有关规定将本单位重大危险源及有关安全措施、应急措施，报负有安全生产监督管理的部门和有关部门备案，做到整改措施、责任、资金、时限和预案"五到位"	**查资料：** 1.查重大隐患清单； 2.查专项隐患治理整改方案和记录	5 AR	1.未组织制定专项隐患治理整改方案，缺一项扣1分； 2.整改专项方案不符合要求，每处扣1分； 3.无"五到位"的记录和证据，扣1分	

续上表

评价类目	评价项目		释义	评价方法	标准分值	评价标准	得分
十一、隐患排查和治理（50分）	2.隐患治理	③企业在事故隐患整改过程中,应采取相应的监控防范措施,防止发生次生事故	《公路水路行业安全生产隐患治理管理暂行办法》（交安监发〔2017〕60号）第二十一条规定:生产经营单位在隐患整改过程中,应当采取相应的安全防范措施,防范发生安全生产事故	查资料： 1.查企业在事故隐患整改过程中,采取相应的监控防范措施的记录和证据； 2.查事故报告	5	1.企业在事故隐患整改过程中,无采取相应的监控防范措施的记录和证据,扣2分； 2.有发生次生事故的,扣3分	
		④事故隐患整改完成后,企业应按规定进行验证或组织验收,出具整改验收结论,并签字确认。重大事故隐患整改验收通过的,企业应将验收结论向属地负有安全生产监督管理职责的交通运输管理部门报备,并申请销号	《公路水路行业安全生产隐患治理管理暂行办法》（交安监发〔2017〕60号）第二十条一般隐患整改完成后,应由生产经营单位组织验收,出具整改验收结论,并由验收主要负责人签字确认。第二十四条重大隐患整改验收通过的,生产经营单位应将验收结论向属地负有安全生产监督管理职责的交通运输管理部门报备,并申请销号	查资料： 查隐患整改验收记录。 查系统： 1.查重大事故隐患报备资料； 2.查销号申请记录和申报材料	5 ★★★	1.一般隐患整改完成后,生产经营单位应组织验收； 2.应有整改验收结论记录； 3.验收主要负责人应签字确认； 4.重大事故隐患整改验收通过的,企业应将验收结论向属地负有安全生产监督管理职责的交通运输管理部门报备资料；	

续上表

评价类目	评价项目		释义	评价方法	标准分值	评价标准	得分
十一、隐患排查和治理（50分）	2.隐患治理					5.应有销号申请记录； 6.报备申请材料应包括：重大隐患基本情况及整改方案；重大隐患整改过程；验收机构或验收组基本情况；验收报告及结论	
		⑤企业应对重大事故隐患形成原因及整改工作进行分析评估，及时完善相关制度和措施，依据有关规定和制度对相关责任人进行处理，并开展有针对性的培训教育	《公路水路行业安全生产隐患治理管理暂行办法》(交安监发〔2017〕60号)第二十五条规定：重大隐患整改验收完成后，生产经营单位应对隐患形成原因及整改工作进行分析评估，及时完善相关制度和措施，依据有关规定和制度对相关责任人进行处理，并开展有针对性的培训教育	**查资料**： 1.查重大隐患分析评估记录和文件资料； 2.查对相关制度和措施修改完善记录； 3.查相关责任人进行处理文件记录； 4.查开展针对性的培训教育的记录	5	1.生产经营单位无对隐患形成原因及整改工作进行分析评估记录和文件资料，扣2分； 2.未根据分析评估结果，对相关制度和措施修改完善，扣1分； 3.无依据规定和制度对相关责任人进行处理文件记录，扣2分； 4.未开展针对性的培训教育的记录，扣1分	

续上表

评价类目	评价项目	释义	评价方法	标准分值	评价标准	得分
十一、隐患排查和治理（50分）	2.隐患治理	⑥企业应对事故隐患排查治理情况如实记录，建立相关台账，并定期组织对本单位事故隐患治理情况进行统计分析，及时梳理、发现安全生产问题和趋势，形成统计分析报告，改进安全生产工作	《公路水路行业安全生产隐患治理管理暂行办法》（交安监发〔2017〕60号）第十七条规定：生产经营单位应认真填写隐患排查记录，形成隐患排查工作台账，包括排查对象或范围、时间、人员、安全技术状况、处理意见等内容，经隐患排查直接责任人签字后妥善保存。第二十六条规定：生产经营单位应当根据生产经营活动特点，定期组织对本单位隐患治理情况进行统计分析，及时梳理、发现安全生产苗头性问题和规律，形成统计分析报告，改进安全生产工作	查资料： 1.查隐患排查工作台账； 2.查隐患治理情况进行统计分析记录	5	1.生产经营单位填写隐患排查记录不准确、全面，扣1分； 2.隐患排查工作台账不完整、不规范；缺治理方案、控制措施、评估报告书、验收报告等过程记录，每项扣1分，未及时归档保存，扣1分； 3.未进行统计分析的，扣1分； 4.未根据分析报告，改进安全生产工作，扣2分。有改进，无记录的，扣1分	

续上表

评价类目	评价项目		释义	评价方法	标准分值	评价标准	得分
十二、职业健康（20分）	1.健康管理	①企业应落实职业病防治主体责任，按规定设置职业健康管理机构和配备专（兼）职管理人员；落实职业病危害告知、日常监测、定期报告和防护保障等制度措施	《中华人民共和国职业病防治法》规定：用人单位应当采取下列职业病防治管理措施： （1）设置或者指定职业卫生管理机构或者组织，配备专职或者兼职的职业卫生管理人员，负责本单位的职业病防治工作； （2）制定职业病防治计划和实施方案； （3）建立、健全职业卫生管理制度和操作规程； （4）建立、健全职业卫生档案和劳动者健康监护档案； （5）建立、健全工作场所职业病危害因素监测及评价制度； （6）建立、健全职业病危害事故应急救援预案。	**查资料：** 1.查企业设置或任命职业健康管理机构或人员文件； 2.查企业职业危害管理制度； 3.查企业建立的职业卫生档案； 4.查企业定期职业危害因素监测记录； 5.查劳动合同。 **现场检查：** 职业危害场所及岗位	5	1.未设置职业健康管理机构或未指定专兼职人员的，不得分； 2.人员不能胜任的，不得分； 3.未建立职业危害管理制度的，不得分； 4.未按照职业危害管理制度开展日常职业危害检测和管理活动的，每项扣1分； 5.未向劳动者告知工作过程中可能产生的职业病危害及其后果的，每少一人扣0.5分	

续上表

评价类目	评价项目		释　义	评价方法	标准分值	评价标准	得分
十二、职业健康（20分）	1.健康管理		《中华人民共和国职业病防治法》第三十三条规定：用人单位与劳动者订立劳动合同（含聘用合同，下同）时，应当将工作过程中可能产生的职业病危害及其后果、职业病防护措施和待遇等如实告知劳动者，并在劳动合同中写明，不得隐瞒或者欺骗。 劳动者在已订立劳动合同期间因工作岗位或者工作内容变更，从事与所订立劳动合同中未告知的存在职业病危害的作业时，用人单位应当依照前款规定，向劳动者履行如实告知的义务，并协商变更原劳动合同相关条款				

续上表

评价类目	评价项目		释　义	评价方法	标准分值	评价标准	得分
十二、职业健康（20分）	1.健康管理	②提供符合职业卫生要求的工作环境和条件；应按规定组织有关从业人员进行职业健康检查，并建立有关从业人员职业健康档案	《中华人民共和国职业病防治法》第四条规定：劳动者依法享有职业卫生保护的权利。用人单位应当为劳动者创造符合国家职业卫生标准和卫生要求的工作环境和条件，并采取措施保障劳动者获得职业卫生保护。工会组织依法对职业病防治工作进行监督，维护劳动者的合法权益。用人单位制定或者修改有关职业病防治的规章制度，应当听取工会组织的意见。 第三十五条规定：对从事接触职业病危害的作业的劳动者，用人单位应当按照国务院安全生产监督管理部门、卫生行政部门的规定组织上岗前、在岗期间和离岗时的职业健康检查，并将检查结果书面告知劳动者。职业健康检查费用由用人单位承担。 第三十六条规定：用人单位应当为劳动者建立职业健康监护档案，并按照规定的期限妥善保存	查资料： 1.查职业健康检查记录； 2.查存在职业危害的作业场所的从业人员健康监护档案。 现场检查： 查存在职业危害的作业场所预防措施落实情况	5	1.存在职业危害的作业场所防护设施和环境不符合法规及标准规范要求的，每个扣2分； 2.未对职业危害岗位人员进行上岗前、在岗期间和离岗时的职业健康检查的，每缺少一人扣1分； 3.未建立从业人员健康监护档案的，每缺一人扣1分	

续上表

评价类目	评价项目	释义	评价方法	标准分值	评价标准	得分
十二、职业健康（20分）	1.健康管理	③企业应按规定对存在或者可能产生职业病危害的工作场所、作业岗位、设备、设施设置警示标识和中文警示说明	《中华人民共和国职业病防治法》第二十四条规定：产生职业病危害的用人单位，应当在醒目位置设置公告栏，公布有关职业病防治的规章制度、操作规程、职业病危害事故应急救援措施和工作场所职业病危害因素检测结果。对产生严重职业病危害的作业岗位，应当在其醒目位置，设置警示标识和中文警示说明。警示说明应当载明产生职业病危害的种类、后果、预防以及应急救治措施等内容	现场检查： 1.查职业危害场所现场告知及公示； 2.对存在严重职业危害的作业岗位，按照《工作场所职业病危害警示标识》（GBZ 158—2003）的要求，在醒目位置设置警示标志和警示说明	5 AR	1.对存在严重职业危害的作业岗位未设置标志和说明的，不得分；缺少标志和说明的，每处扣0.5分；标志和说明内容（含职业危害的种类、后果、预防以及应急救治措施等）不全的，每处扣0.5分； 2.产生职业病危害的用人单位，未在醒目位置设置公告栏，公布有关职业病防治的规章制度、操作规程、职业病危害事故应急救援措施和工作场所职业病危害因素检测结果的，每处扣0.5分	

续上表

评价类目	评价项目		释义	评价方法	标准分值	评价标准	得分
十二、职业健康（20分）	2.职业危害申报	企业应按规定及时、如实向当地主管部门申报运营过程中存在的职业病危害因素，并接受其监督	《中华人民共和国职业病防治法》第十六条规定：国家建立职业病危害项目申报制度。用人单位工作场所存在职业病目录所列职业病的危害因素的，应当及时、如实向所在地安全生产监督管理部门申报危害项目，接受监督	查资料： 1.查企业在作业场所职业病危害申报与备案管理系统中申报记录； 2.查企业向所在地安全生产监督管理部门申报备案记录	5	1.存在职业病危害因素的用人单位未进行作业场所职业病危害申报与备案的，不得分； 2.企业针对主管部门提出的整改措施未进行及时整改的，每项扣2分	
十三、安全文化（30分）	1.安全环境	①设立安全文化廊、安全角、黑板报、宣传栏等员工安全文化阵地	所称"安全文化"，是指被企业组织的员工群体所共享的安全价值观、态度、道德和行为规范组成的统一体。加强安全教育基地建设，充分利用电视、互联网、报纸、广播等多种形式和手段普及安全常识，增强全社会科学发展、安全发展的思想意识是每一个企业责任和义	查资料： 查安全文化宣传资料。 现场检查： 查企业安全文化阵地	5	1.未设立安全文化廊、安全角、黑板报、宣传栏等员工安全文化阵地的，不得分； 2.安全文化阵地内容不符合法规要求的，每项扣0.5分	

续上表

评价类目	评价项目	释 义	评价方法	标准分值	评价标准	得分
十三、安全文化（30分）	1.安全环境	务。企业按照《企业安全文化建设导则》（AQ/T 9004—2008）要求，从思想上、心态上去宣传、教育、引导，不断向员工灌输"以人为本，安全第一"、"安全就是效益、安全创造效益"、"行为源于认识，预防胜于处罚，责任重于泰山"、"安全不是为了别人，而是为了你自己"安全价值观，形成人人重视安全，人人为安全尽责的良好氛围。应从制度上明确企业安全文化宣传的频率、内容和方式，从而促使企业自觉主动开展安全文化创建活动				

续上表

评价类目	评价项目		释　义	评价方法	标准分值	评价标准	得分
十三、安全文化（30分）	1.安全环境	②公开安全生产举报电话号码、通信地址或者电子邮件信箱。对接到的安全生产举报和投诉及时予以调查和处理，并公开处理结果	加强对安全生产违法违规行为监督管理，对于减少和杜绝安全生产"三违"行为有着十分重要意义。企业要充分发挥广大职工的参与作用，依法维护和落实企业职工对安全生产的参与权与监督权，鼓励职工监督举报各类安全隐患，对处理结果要及时公开，起到警示警醒的作用	**查资料：** 1.查安全生产举报投诉及调查管理制度； 2.查安全生产举报投诉登记台账。 **现场检查：** 1.是否公开安全生产举报、投诉电话号码、通信地址或电子邮箱等安全生产举报投诉渠道； 2.是否公布了调查处理结果	5 AR	1.无安全生产举报投诉制度，扣2分； 2.没有公开安全生产举报投诉渠道，扣2分； 3.对接到的安全生产举报和投诉未及时调查和处理或处理结果未公开的，每次扣0.5分	

续上表

评价类目	评价项目	释义	评价方法	标准分值	评价标准	得分
十三、安全文化（30分）	2.安全行为 ①企业应建立包括安全价值观、安全愿景、安全使命和安全目标等在内的安全承诺	本条所称"安全承诺"是指由企业公开做出的、代表了全体员工在关注安全和追求安全绩效方面所具有的稳定意愿及实践行动的明确表示。安全承诺就是兑现落实安全生产责任，并通过公开承诺这种形式约束和规范自身的行为，接受政府、社会和从业人员的监督	查资料：1.查企业开展安全承诺活动证明资料；2.查安全生产承诺书。询问：抽查1~3名员工是否了解安全承诺的内容	5 ★	1.企业未开展安全承诺活动，扣5分；2.未签订安全承诺书，扣1分；3.相关人员不了解安全承诺内容的，每人次扣0.5分	
	②企业应结合企业实际编制员工安全知识手册，并发放到职工	编制员工安全知识手册是宣传安全文化的一个重要载体，也是企业规范员工安全行为的一项重要措施，企业应该按照有关规定编制安全知识手册，并发放到每位员工。目的在于让所有从业人员时刻保持安全警钟长鸣，让安全意识长增，让企业发展长安	查资料：1.查企业安全知识手册；2.查安全知识手册发放记录。询问：抽查1~3名员工对本岗位相关的安全知识手册内容是否熟悉	5	1.没有编制手册，不得分；2.无发放记录，扣2分；3.抽查从业人员，询问人员不了解本岗位相关安全知识手册内容的，每人次扣1分	

续上表

评价类目		评价项目	释 义	评价方法	标准分值	评价标准	得分
十三、安全文化（30分）	2.安全行为	③企业应组织开展安全生产月活动、安全生产班组竞赛活动,有方案、有总结	每年6月我国各大部委都要组织开展安全生产月活动,安全生产月活动及有关安全生产竞赛活动已成为安全生产管理过程中的一项重要活动。通过活动营造安全生产氛围,进一步强化企业安全管理,增强从业人员的安全意识,促进企业安全生产的持续稳定。 企业应按国家、有关上级部门和行业主管部门要求,结合企业制度和实际,制定本企业的活动方案,明确指导思想、活动主题、领导组织机构、具体内容和总结上报等活动要求	查资料： 1.查企业开展安全生产月活动和安全生产班组竞赛活动的方案； 2.查相关活动记录资料； 3.查相关活动总结材料	5	1.未制定安全生产月活动、安全生产班组竞赛活动方案的,每项扣1分； 2.未按方案开展相关活动的,每项扣1分； 3.未对相关活动进行总结,每项扣2分	

续上表

评价类目	评价项目		释 义	评价方法	标准分值	评价标准	得分
十三、安全文化（30分）	2.安全行为	④企业应对安全生产进行检查、评比、考评，总结和交流经验，推广安全生产先进管理方法，对在安全工作中做出显著成绩的集体、个人给予表彰、奖励，并与其经济利益挂钩	对安全生产进行多种形式的检查，有利于企业各部门、基层单位发现和整改安全隐患，通过评比、考评，有利于优秀集体或个人脱颖而出。通过对优秀集体或个人的好的安全管理经验进行总结，一方面使优者将其好的做法和经验进行提升、固化，一方面更有利于其他集体或个人进行学习，促进其安全绩效的不断改进和企业整体安全管理水平的不断提升。至少每年对在安全工作中做出显著成绩的集体、个人给予一次表彰和奖励，并与其经济利益挂钩。一方面对优秀集体和个人的安全管理和安全行为的充分肯定和鼓励，有利于其继续保持良好的作风和传统；另一方面，有利于充分发挥优秀集体和个人的榜样和典范作用	**查资料**： 1. 查安全生产管理制度； 2. 查企业定期总结和交流经验，推广安全生产先进管理方法的证明材料； 3. 查奖励表彰的证明文件	5	1. 未定期开展总结和交流经验，推广安全生产先进管理方法活动的，扣2分； 2. 未按规定对安全工作中做出显著成绩的集体、个人给予进行表彰、奖励的，扣3分	

续上表

评价类目	评价项目	释 义	评价方法	标准分值	评价标准	得分
十四、应急管理（70分）	1.预案制定	①企业应在开展安全风险评估和应急资源调查的基础上，建立生产安全事故应急预案体系，制定符合GB/T 29639—2013规定的生产安全事故应急预案，针对安全风险较大的重点场所（设施）制定现场处置方案，并编制重点岗位、人员应急处置卡	生产安全事故应急救援预案，是指生产经营单位根据本单位的实际情况，针对可能发生的事故的类别、性质、特点和范围等情况制定的事故发生时的组织、技术措施和其他应急措施	查资料：1.查安全风险评估和应急资源调查报告；2.查生产安全事故应急预案；3.查现场处置方案及重点岗位、人员的应急处置卡	10 AR	1.未编制安全风险评估和应急资源调查报告，扣1分；2.生产安全事故应急预案体系不全，每项扣2分；3.现场处置方案不全，每项扣2分；4.重点岗位、人员应急处置卡不全，或处置卡信息不完整，每项扣1分	
		②应急预案应与当地政府、行业管理部门预案保持衔接，报当地有关部门备案，通报有关协作单位	根据《企业安全生产标准化基本规范》和《关于进一步加强企业安全生产工作的通知》，企业应急预案应根据有关规定报当地主管部门备案，与当地政府应急预案保持衔接，通报有关应急协作单位，并定期进行演练	查资料：1.查文件：获取的当地政府、行业管理部门的应急预案；2.查应急预案报当地有关部门备案的记录；3.查应急预案通报有关协作单位的记录	5	1.未明确如何将企业突发事件应急预案与行业主管部门、政府预案保持衔接，扣3分；2.突发事件应急预案未报备属地行业主管部门和当地政府安全监督管理等部门，扣2分；3.未与协作单位联动，扣1分	

续上表

评价类目	评价项目		释义	评价方法	标准分值	评价标准	得分
十四、应急管理（70分）	1.预案制定	③企业应组织开展应急预案评审或论证，并定期进行评估和修订	根据《企业安全生产标准化基本规范》和《生产安全事故应急预案管理办法》，应急预案应定期评审，并根据评审结果或实际情况的变化进行修订和完善，至少每三年修订一次，预案修订情况应有记录并归档	**查资料：** 1.查应急预案定期评审的管理规定； 2.查应急预案的定期评审记录：包括评审会议签到表、应急预案评审记录等； 3.查应急预案修订相关记录	5 ★★	1.未将应急预案执行情况纳入企业安全生产标准化定期评审制度，不得分； 2.未按规定对应急预案进行定期评审，不得分； 3.未根据评审情况对预案进行修改完善，扣3分； 4.查相关记录，应急预案修订未向事先报备或通报的单位或部门报告，扣2分	

续上表

评价类目	评价项目		释　义	评价方法	标准分值	评价标准	得分
十四、应急管理（70分）	2.应急队伍	①企业应按照有关规定建立应急管理组织机构或指定专人负责应急管理工作，建立与本企业安全生产特点相适应的专（兼）职应急救援队伍	《企业安全生产标准化基本规范》规定：企业应按照有关规定建立应急管理组织机构或指定专人负责应急管理工作，建立与本企业安全生产特点相适应的专（兼）职应急救援队伍	查资料： 1.查建立应急管理组织机构或专兼职应急救援队伍的文件； 2.查应急救援队伍职责； 3.查应急救援人员名单。 询问： 3~5名应急救援人员联系方式并验证	5	1.未明确相应的专（兼）职应急救援队伍的组成、职责，扣5分； 2.未汇编应急救援人员的岗位、姓名、联系方式，扣3分； 3.按应急救援人员名单，抽查3~5名，联系方式等信息不准确，扣2分	
		②企业应组织应急救援人员日常训练	为提高应急救援队伍的应急处置能力和应急救援技能，应定期组织应急救援人员进行应急训练	查资料： 1.查应急救援人员日常训练计划； 2.查应急救援人员日常训练记录，包括签到表、训练记录、训练效果评价记录	5	1.未制定应急救援人员日常训练计划，扣5分，内容不完善，扣1~2分； 2.未按计划组织应急救援人员训练，扣3分； 3.应急救援人员日常训练记录不完整，每缺1项，扣1分	

续上表

评价类目	评价项目	释义	评价方法	标准分值	评价标准	得分
十四、应急管理（70分）	3.应急物资 ①企业应根据可能发生的事故种类特点，按照有关规定设置应急设施，配备应急装备，储备应急物资	应急装备是指用于应急管理与应急救援的工具、器材、服装、技术力量等。《企业安全生产标准化基本规范》规定：企业应根据可能发生的事故种类特点，按照有关规定设置应急设施，配备应急装备，储备应急物资，建立管理台账，安排专人管理，并定期检查、维护，确保其完好、可靠	查资料： 1.查公司应急物资/设施台账； 2.应急物资购置、更新、发放台账。 现场检查： 救援应急物资、装备的储备场所；配备应急物资/装备的种类、数量	5 AR	1.未按规定配备相应的救援应急物资和装备，扣5分； 2.未及时配置和更新应急物资，每缺少一项扣0.5分	
	②企业应建立管理台账，安排专人管理，并定期检查、维护，确保其完好、可靠	《生产安全事故应急预案管理办法》规定：生产经营单位应当按照应急预案的规定，落实应急指挥体系、应急救援队伍、应急物资及装备，建立应急物资、装备配备及其使用档案，并对应急物资、装备进行定期检测和维护，使其处于适用状态	查资料： 1.查应急物资购置、更新、发放台账； 2.查应急物资/装备定期检测、维护记录。 现场检查： 应急装备的使用状态	5	1.未建立应急装备、维护、检查检测、使用状况的台账和档案，扣3分，记录不详细，扣1分； 2.现场查看，按规定对应急装备进行日常维护和检查，应急装备状态不良，每个扣1分	

续上表

评价类目	评价项目		释义	评价方法	标准分值	评价标准	得分
十四、应急管理（70分）	4.应急演练	① 企业应按照AQ/T 9007—2011的规定定期组织公司（厂）、车间（工段、区、队、船、项目部）、班组开展生产安全事故应急演练，做到一线从业人员参与应急演练全覆盖	应急预案演练是指针对可能发生的事故、按照应急预案规定的程序和要求所进行的程序化模拟训练演练。《生产安全事故应急预案管理办法》规定：生产经营单位应当制定本单位的应急预案演练计划，根据本单位的事故风险特点，每年至少组织一次综合应急预案演练或者专项应急预案演练，每半年至少组织一次现场处置方案演练	查资料： 1.查应急预案演练计划； 2.查应急预案演练记录，包括应急预案演练通知、演练方案、演练签到表、演练记录及影像资料	10 ★★★	1.应按规定制定应急预案演练计划，并印发； 2.应按计划开展应急演练，并保留应急演练记录；应急演练记录，应完整、齐全，真实	
		② 企业应按照AQ/T 9009—2015的规定对演练进行总结和评估，根据评估结论和演练发现的问题，修订、完善应急预案，改进应急准备工作	《生产安全事故应急预案管理办法》规定：应急预案演练结束后，应急预案演练组织单位应当对应急预案演练效果进行评估，撰写应急预案演练评估报告，分析存在的问题，并对应急预案提出修订意见	查资料： 1.查应急演练总结和评估的规定（明确责任人和要求）； 2.查应急演练总结、评审记录、评审报告； 3.查演练发现问题的分析整改资料； 4.查应急预案修订相关资料	5	1.未明确应急演练效果评审的责任人和要求，扣2分； 2.未及时编写评审报告，扣5分；评审报告内容不完善，扣1~2分； 3.评审提出问题的分析整改资料不完善，扣2分； 4.未针对存在的问题，对应急预案提出修订意见，并及时修订，扣3分	

续上表

评价类目	评价项目		释义	评价方法	标准分值	评价标准	得分
十四、应急管理（70分）	5.应急处置	发生事故后,企业应根据预案要求,立即启动应急响应程序,按照有关规定报告事故情况,并开展先期处置	《生产安全事故应急预案管理办法》规定：生产经营单位发生事故时,应当第一时间启动应急响应,组织有关力量进行救援,并按照规定将事故信息及应急响应启动情况报告事故发生地县级以上人民政府应急管理部门和其他负有安全生产监督管理职责的部门	**查资料**： 1.查事故台账； 2.查事故调查处理报告	5	1.未发生过事故的,本项得满分； 2.接到事故信息后,未按规定及时启动应急预案,并实施现场应急救援,扣5分； 3.应急预案不能起到快速反应,迅速处置,避免人员伤亡、减少财产损失、降低环境污染程度,扣3分； 4.未按规定向有关部门报告事故情况,扣3分	

续上表

评价类目	评价项目		释义	评价方法	标准分值	评价标准	得分
十四、应急管理（70分）	6.应急评估	①企业应对应急准备、应急处置工作进行评估	应急准备评估是对政府、生产经营单位的应急管理机构、应急预案编制、应急培训、应急演练、应急队伍、应急资源等进行评估，以确保其具备相应的应急准备能力，保存其持续改进机制，并形成书面报告的活动	查资料： 1.查应急准备/应急处置评估管理规定； 2.查应急准备/应急处置评估计划，可包括（动态评估、静态评估）； 3.查应急准备/应急处置评估记录、评估报告； 4.查评估发现问题的整改、落实资料	5★	1.未制定应急准备、应急处置评估相关规定，扣2分； 2.未按计划开展应急准备/应急处置评估，评估报告内容不全，扣1~3分； 3.应急准备、应急处置评估记录、问题整改记录等，不全，缺1项，扣0.5分	

续上表

评价类目	评价项目		释　义	评价方法	标准分值	评价标准	得分
十四、应急管理（70分）	6.应急评估	②运输、储存危险物品或处置废弃危险物品的企业,应每年进行一次应急准备评估	安全生产应急准备评估指南中要求被评估单位至少每年组织一次安全生产应急准备评估,所编制的评估报告应针对评估过程中发现的问题制定整改措施,并组织落实	**查资料**： 1.查年度应急准备评估计划； 2.查年度应急准备评估记录、评估报告； 3.查评估发现问题、整改措施及落实资料	3	1.未制定年度应急准备评估计划,扣1分； 2.未按计划安排组织应急准备评估,扣3分； 3.评估记录、评估报告、评估问题的整改资料不完整,扣1~2分	
		③完成险情或事故应急处置后,企业应主动配合有关组织开展应急处置评估	为了掌握公司应对险情或生产安全事故的情况,对公司应急能力进行评估,找出应急准备、应急处置的薄弱环节。制定相应的措施加强应急能力	**查资料**： 查发生险情或事故,采取应急处置措施后,进行应急处置评估的相关资料	2	1.完成事故应急处置后,企业未配合有组织开展应急处置评估,不得分； 2.完成事故应急处置后,企业配合有组织开展应急处置评估,未保留评估报告,扣1分	

续上表

评价类目	评价项目		释　义	评价方法	标准分值	评价标准	得分
十五、事故报告调查处理（45分）	1.事故报告	①企业应建立事故报告程序，明确事故内外部报告的责任人、时限、内容等，并教育、指导从业人员严格按照有关规定的程序报告发生的生产安全事故	企业应按照《生产安全事故报告和调查处理条例》规定，事故发生后，事故现场有关人员应当立即向本单位负责人报告；单位负责人接到报告后，应当于1小时内向事故发生地县级以上人民政府安全生产监督管理部门和负有安全生产监督管理职责的有关部门报告	查资料： 1.查事故报告程序的规定； 2.查事故报告	5	1.事故报告程序规定的内容不够充分、完整，扣3分； 2.未按事故报告程序的规定，发生事故后，未按要求进行内外部报告，扣5分； 3.事故报告过程的资料保留不全，扣1~2分	
		②发生事故，企业应及时进行事故现场处置，按相关规定及时、如实向有关部门报告，没有瞒报、谎报、迟报情况。并应跟踪事故发展情况，及时续报事故信息	企业必须在及时妥善应对处置事故同时，严格按照规定上报事故情况。"迟报"是指报告事故的时间超过规定时限；"漏报"是指因过失对应当上报的事故或者事故发生的时间、地点、类别、伤亡人数、直接经济损失等内容遗漏未报；	查资料： 1.查安全生产事故报告的规定； 2.查事故记录、台账等； 3.查事故报告	5 ★★★	1.制定安全生产事故报告的规定，应责任明确、内容完善、满足规定要求； 2.事故发生后，现场负责人应迅速采取有效措施，组织抢救，防止事故扩大，减少人员伤亡和财产损失； 3.及时、准确、如实向有关部门报告，没有瞒报、谎报、迟报情况；	

续上表

评价类目	评价项目		释　义	评价方法	标准分值	评价标准	得分
十五、事故报告调查处理（45分）	1.事故报告		"谎报"是指故意不如实报告事故发生的时间、地点、类别、伤亡人数、直接经济损失等有关内容； "瞒报"是指故意隐瞒已经发生的事故，并经有关部门查证属实			4.事故报告应包括下列内容：事故发生概况；事故发生时间、地点以及事故现场情况；事故简要经过；事故已造成或者可能造成的伤亡人数（包括失踪的人数）、水域环境污染情况下，初步估计的直接经济损失；已经采取的措施等	
		③企业应跟踪事故发展情况，及时续报事故信息	《生产安全事故报告和调查处理条例》规定：事故报告后出现新情况的，应当及时补报	**查资料：** 1.查安全生产事故报告的规定； 2.查续报事故信息相关记录	5	1.未明确及时续报事故信息要求，扣3分； 2.续报事故信息未保留记录，扣2分，记录不完整，扣1~2分	

续上表

评价类目	评价项目		释义	评价方法	标准分值	评价标准	得分
十五、事故报告调查处理（45分）	2.事故调查处理	①企业应建立内部事故调查和处理制度，按照有关规定、行业标准和国际通行做法，将造成人员伤亡（轻伤、重伤、死亡等人身伤害和急性中毒）和财产损失的事故纳入事故调查和处理范畴	按照有关规定、行业标准和国际通行做法，将造成人员伤亡（轻伤、重伤、死亡等人身伤害和急性中毒）和财产损失的事故纳入事故调查和处理范畴	查资料： 1.查事故调查和处理制度； 2.查事故台账及事故调查处理资料	5	1.未制定事故调查和处理制度，扣5分； 2.事故调查和处理制度规定不合理、不完善等，扣1~3分； 3.未按规定将造成人员伤亡（轻伤、重伤、死亡等人身伤害和急性中毒）和财产损失的事故进行调查和处理的，扣3分； 4.事故调查和处理资料不全，扣1~2分	
		②企业应积极配合各级人民政府组织的事故调查，随时接受事故调查组的询问，如实提供有关情况	发生事故后，配合上级部门的事故调查是企业法定责任和义务。企业按照《生产安全事故报告和调查处理条例》配合上级部门，事故调查时应及时如实提供有关情况	查资料： 1.查事故调查规定； 2.查事故报告调查处理资料	5	1.未制定事故调查的相关规定，扣5分；规定中相关职责不明确，内容操作性差，扣1~2分； 2.查事故调查台账，未按规定成立事故调查组进行内部调查，扣2分；未积极配合事故调查及如实提供有关情况，扣2分	

续上表

评价类目	评价项目	释义	评价方法	标准分值	评价标准	得分
十五、事故报告调查处理（45分）	2.事故调查处理	③企业应按时提交事故调查报告，分析事故原因，落实整改措施	《生产安全事故报告和调查处理条例》规定：事故报告后出现新情况的，应当及时补报	查资料： 1.查事故报告调查相关规定； 2.查事故调查报告； 3.查事故原因分析及整改措施资料	5	1.事故报告调查规定的内容不充分，扣1~2分； 2.企业未及时上报事故调查报告，扣2分； 3.未进行事故原因分析，落实整改措施扣3分	
		④发生事故后，企业应及时组织事故分析，并在企业内部进行通报	发生事故后，企业有义务按照"四不放过"原则对事故发生的原因进行分析，分析事故的直接、间接原因和事故责任，提出整改措施和处理建议	查资料： 1.查事故责任调查分析制度； 2.查事故调查报告或事故责任调查档案； 3.查事故原因分析、整改措施及落实相关记录	5	1.未制定事故责任调查分析制度，扣5分；制度不完善，扣2分； 2.针对已发生的事故，未及时召开安全生产分析通报会，扣2分； 3.未及时对事故当事人进行各环节、全过程责任倒查及处理，扣2分	

续上表

评价类目	评价项目		释 义	评价方法	标准分值	评价标准	得分
十五、事故报告调查处理（45分）	2.事故调查处理	⑤企业应按"四不放过"原则严肃查处事故，严格追究责任领导和相关责任人。处理结果报上级主管部门备案	查事故档案和事故调查相关记录，看企业按照"四不放过"（事故原因未查清不放过，责任人员未处理不放过，整改措施未落实不放过，有关人员未受到教育不放过）原则进行整改情况	**查资料：** 1.查安全生产事故责任追究办法； 2.查事故责任追究记录/档案； 3.查事故追责处理结果报上级主管部门备案的资料	5 ★	1.应制定完善的安全生产事故责任追究办法，且印发实施；未制定扣5分，未发放扣1分； 2.针对已经发生的安全生产事故，按"四不放过"原则对责任领导和相关责任人实施责任追究和处理；追责处理不到位的，扣1~3分； 3.处理结果按规定报有关主管部门备案，未报有关部门备案，扣3分	

续上表

评价类目	评价项目		释义	评价方法	标准分值	评价标准	得分
十五、事故报告调查处理（45分）	3.事故档案管理	企业应建立事故档案和管理台账，将承包商、供应商等相关方在企业内部发生的事故纳入本企业事故管理	《交通运输企业安全生产标准化建设基本规范》规定：企业应建立事故档案和管理台账，将承包商、供应商等相关方在企业内部发生的事故纳入本企业事故管理	查资料： 1.查承包商、分包商安全事故管理规定； 2.查事故档案和事故管理台账； 3.查承包商、供应商事故调查处理资料	5	1.未制定承包商、分包商安全事故管理规定，扣5分；内容不充分，扣1~3分； 2.未按规定对供应商、分包方安全生产事故进行管理，扣3分； 3.事故调查处理资料不完整，扣1~2分； 4.供应商、分包商事故档案和管理台账不全，有1处，扣1分	

续上表

评价类目	评价项目		释义	评价方法	标准分值	评价标准	得分
十六、绩效评定与持续改进(20分)	1.绩效评定	①企业应每年至少一次对本单位安全生产标准化的运行情况进行自评,验证各项安全生产制度措施的适宜性、充分性和有效性	企业应按要求每年至少一次全面、系统地与本标准逐条、逐项进行判断和对比、打分,综合分析对本单位安全生产标准化的实施情况进行评定,验证各项安全生产制度措施的适宜性、充分性和有效性,总结安全生产工作现状,查找问题,持续改进	**查资料:** 1.查安全生产标准化自评管理规定; 2.查开展自评活动的记录、报告等	5	1.未建立安全生产标准化自评管理制度的,扣3分; 2.自评活动的策划、实施、总结、报告等不符合要求的,每处扣1分	
		②企业主要负责人应全面负责自评工作。自评应形成正式文件,并将结果向所有部门、所属单位和从业人员通报,作为年度考评的重要依据	安全生产标准化自评工作应由企业主要负责人组织实施,自评结果要经主要负责人确认后向所有部门、所属单位和从业人员通报,并将结果作为年度评价的重要依据。自评报告内容应包含《交通运输企业安全生产标准化建设评价管理办法》中要求的全部内容	**查资料:** 1.查主要负责人组织实施自评工作的证明材料; 2.查安全生产标准化自评报告; 3.查自评报告向所有部门、所属单位和从业人员通报的证明材料	5	1.未提供主要负责人组织实施自评工作的证明材料,扣3分; 2.自评报告内容或自评范围不完整的,每处扣1分; 3.自评报告未向所有部门、所属单位和从业人员通报的,扣3分	

续上表

评价类目	评价项目		释　义	评价方法	标准分值	评价标准	得分
十六、绩效评定与持续改进(20分)	2.持续改进	企业应根据安全生产标准化管理体系的自评结果和安全生产预测预警系统所反映的趋势,以及绩效评定情况,客观分析企业安全生产标准化管理体系的运行质量,及时调整完善安全生产目标、指标、规章制度、操作规程等相关管理文件和过程管控,持续改进,不断提高安全生产绩效	企业安全管理体系是指企业内部全部管理体系中专门管理安全工作的部分,包括为制定、实施、实现、评审和保持安全方针、目标所需的组织机构、职责、惯例、程序、过程和资源。企业应制定安全生产标准化管理综合评价与改进制度,明确综合评价改进责任部门和相关责任人。综合评价与改进的内容应包括与企业安全生产工作有关事项,至少包括标准化自评结果,安全生产预测预警系统所反映的趋势,以及绩效评定情况,一般通过会议形式进行,由企业安全生产第一责任人主持,各相关部门分别提供有关年度分析报告,制度还应明确会议计	**查资料**： 1.查安全管理体系综合评价与改进制度; 2.查安全生产标准化管理综合评价与改进制度落实文件; 3.查综合评价与改进过程中发现问题的整改材料; 4.查相关机构颁发的管理体系认证证书	10	1.未制定安全管理体系综合评价与改进制度,扣5分; 2.未按要求对安全生产标准化管理体系进行综合评价分析,扣5分; 3.未对评价分析出的问题提出整改措施并组织实施的,每项扣2分; 4.未取得有效的管理体系认证证书,扣5分	

续上表

评价类目	评价项目		释　义	评价方法	标准分值	评价标准	得分
十六、绩效评定与持续改进(20分)	2.持续改进		划制定与印发、会议材料准备、会议记录、综合评价与改进报告、发现问题的处理等责任人和主要内容。 安全生产标准化管理综合评价与改进工作，一般安排在年度自评以后，对考评情况进行综合分析评定。 在每年安全生产标准化管理综合评价与改进后，全面综合分析企业安全生产标准化管理工作，着眼长效，运用系统化和标准化管理的原理，完善各项安全生产目标指标、管理制度、操作规程等文件和控制过程，形成企业安全生产管理体系，以持续改进，不断提高安全生产绩效				

评分说明：

1. "★"为一级必备条件；"★★"为一、二级必备条件；"★★★"为一、二、三级必备条件，即所有一级企业必须满足一、二、三星要求，二级企业需满足二、三星要求，三级企业需满足三星要求。
2. 除满足上述星项要求外，带有标注"AR"(Additional requirements 的意思)的项目执行限制扣分要求，申请一级的企业该项目扣分分值不得超过该项分值的10%，申请二级的企业该项目扣分分值不得超过该项分值的25%，申请三级的企业该项目扣分分值不得超过该项分值的40%，所有"★"项，二、三级企业按照"AR"项要求执行，所有"★★"项，三级企业按照"AR"项要求执行，所有评分项目中存在一项超过上述扣分要求的为达标建设不合格。
3. 所有指标中要求的内容，如评审企业不涉及此项工作或当地主管机关未要求开展的，视为不涉及项处理，所得总分按照千分制比例进行换算。如：某企业不涉及项分数为100分，对照千分表去除不涉及项得分为720分，则最终评价得分为720/900×1000=800分。
4. 所有涉及抽查、询问人员的指标，按企业各种车辆清单、人员名单总数抽取，抽取数量为企业车辆、人员总数开根取整。应包含企业拥有的各种车辆类型、各类岗位人员，每种车辆类型、人员岗位类型至少抽取一辆(人)。对于危险品运输企业，各类危险品运输车至少抽一辆。

第二章 道路货物运输站场安全生产标准化评价扣分表

评价类目	评 价 项 目	标准分值	得分
一、安全目标(30分)	①企业应结合实际制定安全生产目标。安全生产目标应： a. 符合或严于相关法律法规的要求； b. 形成文件，并得到本企业所有从业人员的贯彻和实施； c. 与企业的职业安全健康风险相适应； d. 具有可考核性，体现企业持续改进的承诺； e. 便于企业员工及相关方获得	5 ★★★	
	②企业应根据安全生产目标制定可考核的安全生产工作指标，指标应不低于上级下达的目标	5	
	③企业应制定实现安全生产目标和工作指标的措施	5	
	④企业应制定安全生产年度计划和专项活动方案，并严格执行	5	
	⑤企业应将安全生产工作指标进行细化和分解，制定阶段性的安全生产控制指标，并予以考核	5	
	⑥企业应建立安全生产目标考核与奖惩的相关制度，并定期对安全生产目标完成情况予以考核与奖惩	5	

续上表

评价类目		评价项目	标准分值	得分
二、管理机构和人员(35分)	1.安全生产管理机构	①企业应建立以企业主要负责人为领导的安全生产委员会(或安全生产领导小组),并应职责明确。应建立健全从安全生产委员会(或安全生产领导小组)至基层班组的安全生产管理网络	10 ★★	
		②企业应按规定设置与企业规模相适应的安全生产管理机构	5 ★★★	
		③企业应定期召开安全生产委员会或安全生产领导小组会议。安全生产管理机构或下属分支机构每月至少召开一次安全工作例会	5 AR	
	2.安全管理人员	①企业应按规定配备专(兼)职安全生产和应急管理人员	10 ★★★	
		②企业的主要负责人和安全生产管理人员应具备与本企业所从事的生产经营活动相适应的安全生产和职业卫生知识与能力,并保持安全生产管理人员的相对稳定	5	
三、安全责任体系(40分)	1.健全责任制	①企业应建立安全生产责任制,明确安全生产委员会(或安全生产领导小组)、安全生产管理机构、各职能部门、生产基层单位的安全安全生产职责,层层签订安全生产责任书,并落实到位	10 AR	
		②企业主要负责人或实际控制人是本企业安全生产第一责任人,对本企业安全生产工作全面负责,负全面组织领导、管理责任和法律责任,并履行安全生产的责任和义务	5 ★★★	

续上表

评价类目		评价项目	标准分值	得分
三、安全责任体系(40分)	1. 健全责任制	③分管安全生产的企业负责人是安全生产的重要负责人,应协助企业安全生产第一责任人落实各项安全生产法律法规、标准,统筹协调和综合管理企业的安全生产工作,对本企业安全生产负重要管理责任	5	
		④其他负责人及员工实行"一岗双责",对业务范围内的安全生产工作负责	10	
	2. 责任制考评	企业应根据安全生产责任进行定期考核和奖惩,并公布考评结果和奖惩情况	10 ★★	
四、法律法规与安全管理制度(70分)	1. 资质	企业的《企业法人营业执照》《道路运输经营许可证》等合法有效,经营范围符合要求	5 ★★★	
	2. 法律法规	①企业应制定及时识别、获取适用的安全生产法律法规、规范标准及其他要求的管理制度,明确责任部门,建立清单和文本(或电子)档案,并定期发布	5	
		②企业应及时将适用的安全生产法律、法规、标准及其他要求对从业人员进行宣传和培训,提高从业人员的守法意识,规范安全生产行为	5	
	3. 安全管理制度	①企业应制定符合法律法规、标准规定并符合企业实际的安全管理制度,制度至少应包括: a. 安全生产责任制; b. 安全生产考核和奖惩制度; c. 安全生产工作会议制度; d. 法律法规识别与获取管理制度; e. 文件和档案管理制度; f. 安全生产资金投入及费用管理制度; g. 设备设施管理制度;	5 ★★★	

续上表

评价类目	评价项目		标准分值	得分
四、法律法规与安全管理制度(70分)	3. 安全管理制度	h. 特种设备管理制度； i. 安全培训教育管理制度； j. 安全生产风险管理制度； k. 安全检查管理制度； l. 隐患排查与治理管理制度； m. 货物装卸、搬运及储存安全管理制度； n. 特种作业人员管理制度； o. 安全值班管理制度； p. 消防管理制度； q. 相关方安全管理制度； r. 职业健康管理制度； s. 劳动防护用品管理制度； t. 应急救援管理制度； u. 事故管理制度		
		②企业制定的安全生产管理制度应符合国家现行的法律法规的要求	5	
		③企业应组织从业人员进行安全生产管理制度的学习和培训	5	
		④企业应将相关的安全管理制度及时传达给相关方	5	
	4. 操作规程	①企业应根据货运站场的装卸/储存工艺、设备设施的特点和货物的种类及危险特性编制各项安全生产操作规程并及时修订。安全生产操作规程包括： a. 装卸工安全操作规程； b. 调度员安全操作规程； c. 站务员安全操作规程； d. 出站车辆安全检查操作规程； e. 机械装卸安全操作规程； f. 电气设备使用安全操作规程； g. 货物分类存放安全操作规程； h. 其他	5 ★★★	

续上表

评价类目		评价项目	标准分值	得分
四、法律法规与安全管理制度(70分)	4. 操作规程	②企业操作规程中应明确以下事项： a. 操作前的检查及准备工作的程序和方法； b. 操作中严禁的行为； c. 必须的操作步骤和操作方法； d. 操作注意事项； e. 正确使用劳动防护用品的要求； f. 出现异常情况时的应急措施	5	
		③企业应在新技术、新材料、新工艺、新设备设施投产或投用前，组织编制相应的操作规程，保证其适用性	5	
		④企业应将操作规程发放到相关岗位，并组织相关岗位人员进行培训	5	
	5. 修订	企业应定期对安全管理制度和操作规程进行评审，并根据评审结论及时进行修订，确保其有效性、适应性和符合性。在发生以下情况时，应及时对相关的管理制度或操作规程进行评审、修订： a. 国家相关法律、法规、规程、标准废止、修订或新颁布； b. 企业归属、体制、规模发生重大变化； c. 生产设施新建、改建、扩建规模、作业环境已发生重大改变； d. 设备设施发生变更； e. 作业工艺、危险有害特性发生变化； f. 政府相关行政部门提出整改意见； g. 安全评价、风险评估、体系认证、分析事故原因、安全检查发现涉及规章制度、操作规程的问题； h. 其他相关事项	5	

续上表

评价类目	评价项目		标准分值	得分
四、法律法规与安全管理制度(70分)	6.制度执行及档案管理	①企业每年至少一次对安全生产法律法规、标准规范、规章制度、操作规程的执行情况进行检查	5	
		②企业应建立和完善各类台账和档案,并按要求及时报送有关资料和信息	5 AR	
五、安全投入(40分)	1.资金投入	①企业应按规定足额提取(列支)安全生产费用	15 ★★	
		②安全生产经费应专款专用,企业应保证安全生产投入的有效实施	10	
		③企业应及时投入满足安全生产条件的所需资金	5 AR	
	2.费用管理	①企业应建立安全生产费用台账	5	
		②企业应跟踪、监督安全生产费用使用情况。企业安全生产费用应按照"企业提取、政府监管、确保需要、规范使用"的原则进行管理,安全生产费用应按照以下范围使用: a.完善、改造和维护安全防护设施设备支出(不含"三同时"要求初期投入的安全设施),包括交通运输设施设备和装卸工具安全状况检测及维护系统、运输设施设备和装卸工具附属安全设备等支出; b.配备、维护应急救援器材、设备支出和应急演练支出; c.开展重大危险源和事故隐患评估、监控和整改支出;	5	

续上表

评价类目		评价项目	标准分值	得分
五、安全投入（40分）	2.费用管理	d.安全生产检查、评价(不包括新建、改建、扩建项目安全评价)、咨询和标准化建设支出； e.配备和更新现场作业人员安全防护用品支出； f.安全生产宣传、教育、培训支出； g.安全生产适用的新技术、新标准、新工艺、新装备的推广应用支出； h.安全设施及特种设备检测检验支出； i.其他与安全生产直接相关的支出		
六、装备设施（80分）	1.安全设施及管理	①企业应具备满足安全生产需要的场地和设备设施，有与其经营规模相适应的货运站房、生产调度办公室、信息管理中心、仓库、仓储库棚、场地和道路等设施	15 AR	
		②企业应按 GB 50140—2005 的规定配足有效的安全和消防设施、设备及器材，并按要求进行定期维护，确保齐全有效	10 AR	
		③企业应设有覆盖安全重点部位视频监控设备，并保持实时监控	10 ★★	
		④企业应按 GB 15630—1995 规定设置宣传告示设备、安全警告标志、指示牌	5	
	2.特种设备	①企业特种设备的使用应严格按照相关法律、法规规定，保证特种设备的安全使用	10	
		②企业特种设备投入使用前或者投入使用后 30 日内，应向监督管理部门登记注册	5	

续上表

评价类目		评 价 项 目	标准分值	得分
六、装备设施（80分）	2.特种设备	③企业应对在用特种设备进行经常性的日常维护，至少每月进行1次检查，并保存记录	5	
		④企业应对在用特种设备及安全附件、安全保护装置、测量调控装置及有关附属仪器仪表进行定期校验、检修，并保存记录	5	
		⑤企业应在特种设备检验合格有效期届满前1个月内，向特种设备检验检测机构提出定期检验申请。未经定期检验或者检验不合格的特种设备，不得继续使用	5	
		⑥企业应按规定指定专人对特种设备进行管理	5	
		⑦企业应建立特种设备安全技术档案。安全技术档案应包括以下内容： a.特种设备的设计文件、制造单位、产品质量合格证明、使用维护说明等文件以及安装技术文件和资料； b.特种设备的定期检验和定期自行检查的记录； c.特种设备日常使用状况记录； d.特种设备及其安全附件、安全保护装置、测量调控装置及有关附属仪器仪表的日常维护记录； e.特种设备运行故障和事故记录； f.高耗能特种设备的能效测试报告、能耗状况记录以及节能改造技术资料	5	

续上表

评价类目	评价项目		标准分值	得分
七、科技创新与信息化（30分）	1. 科技创新及应用	①企业应使用先进的、安全性能可靠的新技术、新工艺、新设备和新材料，优先选购安全、高效、节能的先进设备	10	
		②企业应利用先进科技手段，提升安全管理水平	10	
		③企业应在有条件的情况下，组织开展科技攻关或课题研究	5	
	2. 信息化	企业应根据实际情况开展信息化系统建设，在日常安全管理中使用安全生产管理信息系统或平台	5	
八、教育培训（120分）	1. 培训管理	①企业应按规定开展安全教育培训，明确安全教育培训目标、内容和要求，定期识别安全教育培训需求，制定并实施安全教育培训计划	5	
		②企业应组织安全教育培训，保证安全教育培训所需人员、资金和设施	5	
		③企业应做好安全教育培训记录，建立从业人员安全教育培训档案	10 AR	
		④企业应组织对培训效果的后评估，改进提高培训质量	5	
	2. 资格培训	①企业的特种设备作业人员应按有关规定参加安全教育培训，取得《特种设备作业人员证》后，方可从事相应的特种设备作业或者管理工作，并按规定定期进行复审	10 ★★	

续上表

评价类目		评价项目	标准分值	得分
八、教育培训（120分）	2. 资格培训	②企业的特种作业人员应经专门的安全技术培训并考核合格，取得《中华人民共和国特种作业操作证》后，方可上岗作业，并按规定定期进行复审。离开特种作业岗位6个月以上的特种作业人员，应重新进行实际操作考试，经确认合格后方可上岗作业	10 AR	
		③企业主要负责人和安全生产管理人员应具备与所从事的生产经营活动相适应的安全生产知识和安全生产管理能力，应由负有安全生产监督管理职责的部门对其安全生产知识和管理能力进行考核并达到合格，且每年应接受不少于国家或地方政府规定学时的再教育	10 ★★★	
		④企业其他需要取得资格证书的作业人员，应通过相应培训、考核，持证上岗	5	
	3. 宣传教育	企业应组织开展安全生产的法律、法规和安全生产知识的宣传、教育	5	
	4. 从业人员培训	①未经安全生产培训合格的从业人员，不得上岗作业	5	
		②从业人员应每年接受再培训，培训时间不得少于规定学时	5	
		③对离岗一年重新上岗、转换工作岗位的人员，应进行岗前培训。培训内容应包括安全法律法规、安全管理制度、岗位操作规程、风险和危害告知等，与新岗位安全生产要求相符合	5	

续上表

评价类目	评价项目		标准分值	得分
八、教育培训（120分）	4.从业人员培训	④应对新员工进行三级安全教育培训，经考核合格后，方可上岗。培训时间不得少于规定学时	10 AR	
		⑤企业使用被派遣劳动者的，应纳入本企业从业人员统一管理，进行岗位安全操作规程和安全操作技能的教育和培训	5	
		⑥应在新技术、新设备投入使用前，对管理和操作人员进行专项培训	5	
	5.日常安全教育培训	①企业应对相关方作业人员进行安全教育，保存安全教育记录	5	
		②企业应鼓励应用在线教育形式开展日常安全教育培训和考核	5	
		③企业应告知外来参观、学习等人员遵守有关安全规定及安全注意事项	5	
	6.规范档案	企业应当建立安全生产教育和培训档案，如实记录安全生产教育和培训的时间、内容、参加人员以及考核结果等情况	5	
九、生产过程管理（260分）	1.现场作业管理	①企业应严格执行操作规程和安全生产作业规定，不得违章指挥、违章操作、违反劳动纪律	10	
		②企业应按相关法律法规，规范货物储存安全管理，按照货物的性质、保管要求进行分类存放，保证货物完好无损	5	

续上表

评价类目		评价项目	标准分值	得分
九、生产过程管理(260分)	1. 现场作业管理	③企业应按照规定的业务操作规程进行货物搬运装卸,搬运装卸作业应当轻装、轻卸,堆放整齐,防止混杂、撒漏、破损,有毒、易污染物品不得与食品混装。装卸作业应有专人负责	10	
		④企业不得超限、超载配货,不得为无道路运输经营许可证或证照不全者提供服务;不得违反国家有关规定,为运输车辆装卸国家禁运、限运的物品	10 ★★★	
		⑤企业专业人员应具有相关资质条件	10 AR	
		⑥企业应指定专人对危险作业进行现场管理	15 ★★	
		⑦企业停车场内应有专人指挥,调度车辆进站发车,停车整齐规范	10	
		⑧企业货物堆放和存储应符合 GB 50016—2014 的要求	10	
	2. 安全值班	企业应制定并落实安全生产值班制度和值班计划,重要时期实行领导到岗带班,并做好值班记录	10	

续上表

评价类目		评价项目	标准分值	得分
九、生产过程管理(260分)	3. 相关方管理	①企业应制定相关方安全管理制度,并对相关方的资质、资格进行严格审查	5	
		②两个以上生产经营单位在同一作业区域内进行生产经营活动,可能危及对方生产安全的,相关企业应当签订安全生产管理协议,明确各自的安全生产管理职责和应当采取的安全措施,并指定专职安全生产管理人员进行安全检查与协调	5	
		③企业应建立相关方台账和档案,根据其作业行为定期识别作业过程中存在的风险,并采取有效的控制措施	5	
	4. 车辆管理	①企业应根据需要配置用于装卸搬运工作的作业车辆	5	
		②企业应按规定配备专门的车辆安全例检人员	10	
		③企业应设有健全的安全检查制度和流程,对出站车辆进行安全检查,防止超载、超限车辆或者未经安全检查的车辆出站	10 ★★	
		④企业应建立并规范填写车辆安全检查台账	5	
	5. 仓储库	①企业仓储库的设置应满足 JT/T 402—2016 和 GB 50016—2014 相关要求	5	
		②企业各类仓库应分区设置。零担货棚和仓储货棚应与相应仓库位于同一区域	5	

续上表

评价类目		评价项目	标准分值	得分
九、生产过程管理(260分)	5.仓储库	③企业零担库和集装箱拆装箱库应建成高站台仓库,站台宽度不少于3m,高度取1.2~1.3m,两端设置斜坡,并装设货物装卸升降台	5	
		④企业仓储库保管员应熟悉储存物品的分类、性质和消防安全知识,掌握消防器材的操作使用和维护方法,掌握初期火灾的扑救方法和程序	5	
		⑤企业物品入库前应由专人负责检查,确认无火种等隐患后,方准入库	5	
		⑥企业仓储库储存物品的火灾危险性应按 GB 50016—2014 的规定分为甲、乙、丙、丁、戊五类分类存放	5	
		⑦企业库房储存物资应严格按划定的堆装区域和核定的存放量储存	5	
		⑧企业库房内储存物品应分类堆放、限额存放,每个堆垛的面积应不大于150m²,库房内主通道的宽度应不小于2m	5	
		⑨企业仓储电气装置应符合 JGJ 16—2008 规定,电器设备与可燃物的防火间距应不小于0.5m	5	
		⑩企业仓储库的电器设备应由专人管理,电气线路、电气设备应定期检查、检测,禁止超时间、超负荷运行	10	
	6.警示标志	企业存在危险因素的作业场所和设备设施,应设置明显的安全警示标志,警示、告知危险种类、后果及应急措施	5	

续上表

评价类目		评价项目	标准分值	得分
九、生产过程管理(260分)	7. 消防安全管理	①企业主要负责人是本单位的消防安全责任人,对本单位的消防安全工作全面负责	5	
		②企业应制定年度消防工作计划,制定消防安全工作的资金投入和组织保障方案	5	
		③企业应将容易发生火灾、一旦发生火灾可能严重危及人身和财产安全以及对消防安全有重大影响的部位确定为消防安全重点部位,设置明显的防火标志,实行严格管理	5	
	8. 火灾预防	①企业应按 GB 50140—2005 的规定配备相应等级和危险类别的消防控制和火灾报警系统、消防给水系统、泡沫/干粉灭火系统等消防设备设施、器材,并设置消防安全标志	10 AR	
		②企业应制定并执行防火安全检查、巡查制度,按要求开展防火检查和防火巡查。消防安全重点单位应当进行每日防火巡查,并确定巡查的人员、内容、部位和频次。其他单位可以根据需要组织防火巡查。企业应当至少每月进行一次防火巡查	5	
		③企业应制定并落实火灾隐患整改责任制。防火检查、防火巡查中发现的火灾隐患,应按要求落实至责任部门、责任人,并及时整改	5	

续上表

评价类目		评价项目	标准分值	得分
九、生产过程管理(260分)	8.火灾预防	④企业应对动用明火实行严格的消防安全管理,在具有火灾、爆炸危险的场所不得使用明火;因特殊情况需要进行电、气焊等明火作业的,动火部门和人员应按照用火管理制度办理审批手续,落实现场监护人,在确认无火灾、爆炸危险后方可动火作业。动火作业人员应遵守消防安全规定,并落实相应的消防安全措施	5	
		⑤企业应制定消防设备设施及器材管理制度,消防器材及设施应有专人负责,定期组织检验、维修,保存检验、维修记录	5	
		⑥企业应保障安全出口、疏散通道及消防车通道的畅通,消防通道应有明显的指示标志	5	
	9.消防宣传教育	①企业应通过多种形式开展经常性的消防安全宣传教育。宣传教育和培训内容应包括: a.有关消防法规、消防安全制度和保障消防安全的操作规程; b.本单位、本岗位的火灾危险性和防火措施; c.有关消防设施的性能、灭火器材的使用方法; d.报火警、扑救初起火灾以及自救逃生的知识和技能	5	
		②企业应组织新上岗和进入新岗位的员工进行上岗前的消防安全培训	5	
		③企业消防安全责任人、专兼职消防管理人员、消防控制室的值班、操作人员应接受消防安全专门培训,其中消防控制室值班、操作人员应持证上岗	5	

续上表

评价类目		评 价 项 目	标准分值	得分
十、风险管理 (60分)	1. 一般要求	企业应依法依规建立健全安全生产风险管理制度,开展本单位管理范围内的风险辨识、评估、管控等工作,落实重大风险登记、重大危险源报备责任,防范和减少安全生产事故	5 AR	
	2. 风险辨识	①企业应制定风险辨识规则,明确风险辨识的范围、方式和程序	5	
		②风险辨识应系统、全面,并进行动态更新	5	
		③风险辨识应涉及所有的工作人员(包括外部人员)、工作过程和工作场所。安全生产风险辨识结束后应形成风险清单	3	
	3. 风险评估	①企业应从发生危险的可能性和严重程度等方面对风险因素进行分析,选定合适的风险评估方法,明确风险评估规则	2	
		②企业应依据风险评估规则,对风险清单进行逐项评估,确定风险等级	5	
	4. 风险控制	①企业应根据风险评估结果及经营运行情况等,按以下顺序确定控制措施: a. 消除; b. 替代; c. 工程控制措施; d. 设置标志警告和(或)管理控制措施; e. 个体防护装备等	5	

续上表

评价类目		评价项目	标准分值	得分
十、风险管理 (60分)	4.风险控制	②企业应将安全风险评估结果及所采取的控制措施告知相关从业人员,使其熟悉工作岗位和作业环境中存在的安全风险,掌握、落实应采取的控制措施	5	
		③企业应建立风险动态监控机制,按要求对风险进行控制和监测,及时掌握风险的状态和变化趋势,以确保风险得到有效控制	3	
	5.重大风险管控	①企业对重大风险进行登记建档,设置重大风险监控系统,制定动态监测计划,并单独编制专项应急措施	5 ★★	
		②企业应当在重大风险所在场所设置明显的安全警示标志,对进入重大风险影响区域的人员组织开展安全防范、应急逃生避险和应急处置等相关培训和演练	5	
		③企业应当将本单位重大风险有关信息通过公路水路行业安全生产风险管理信息系统进行登记,构成重大危险源的应向属地负有安全生产监督管理职责的交通运输管理部门备案	2 ★★★	
		④重大风险经评估确定等级降低或解除的,企业应于规定的时间内通过公路水路行业安全生产风险管理系统予以销号	2	

续上表

评价类目		评价项目	标准分值	得分
十、风险管理（60分）	6.预测预警	①企业应根据生产经营状况、安全风险管理及隐患排查治理、事故等情况,运用定量或定性的安全生产预测预警技术,建立企业安全生产状况及发展趋势的安全生产预测预警机制	5	
		②当风险因素达到预警条件的,企业应及时发出预警信息,并立即采取针对性措施,防范安全生产事故发生	3	
十一、隐患排查和治理（50分）	1.隐患排查	①企业应落实隐患排查治理和防控责任制,组织事故隐患排查治理工作,实行从隐患排查、记录、监控、治理、销账到报告的闭环管理	5 ★★★	
		②企业应依据有关法律法规、标准规范等,组织制定各部门、岗位、场所、设备设施的隐患排查治理标准或排查清单,明确隐患排查的时限、范围、内容和要求,并组织开展相应的培训。隐患排查的范围应包括所有与生产经营相关的场所、人员、设备设施和活动,包括承包商和供应商等相关服务范围	5 AR	
		③生产经营单位应当建立事故隐患日常排查、定期排查和专项排查工作机制。日常排查每周应不少于1次,定期排查每半年应不少于1次,并根据政府及有关管理部门安全工作的专项部署、季节性变化或安全生产条件变化情况进行专项排查	5	
		④企业应填写事故隐患排查记录,依据确定的隐患等级划分标准对发现或排查出的事故隐患进行判定,确定事故隐患等级并进行登记,形成事故隐患清单。企业应将重大事故隐患向属地负有安全生产监督管理职责的交通运输管理部门备案	5 ★★	

续上表

评价类目		评价项目	标准分值	得分
十一、隐患排查和治理（50分）	2. 隐患治理	①对于一般事故隐患,企业应按照职责分工立即组织整改,确保及时进行治理	5	
		②对于重大事故隐患,企业主要负责人组织制定专项隐患治理整改方案,并确保整改措施、责任、资金、时限和预案"五到位"。整改方案应包括: a. 整改的目标和任务; b. 整改方案和整改期的安全保障措施; c. 经费和物资保障措施; d. 整改责任部门和人员; e. 整改时限及节点要求; f. 应急处置措施; g. 跟踪督办及验收部门和人员	5 AR	
		③企业在事故隐患整改过程中,应采取相应的监控防范措施,防止发生次生事故	5	
		④事故隐患整改完成后,企业应按规定进行验证或组织验收,出具整改验收结论,并签字确认。重大事故隐患整改验收通过的,企业应将验收结论向属地负有安全生产监督管理职责的交通运输管理部门报备,并申请销号	5 ★★★	

续上表

评价类目		评价项目	标准分值	得分
十一、隐患排查和治理（50分）	2.隐患治理	⑤企业应对重大事故隐患形成原因及整改工作进行分析评估,及时完善相关制度和措施,依据有关规定和制度对相关责任人进行处理,并开展有针对性的培训教育	5	
		⑥企业应对事故隐患排查治理情况如实记录,建立相关台账,并定期组织对本单位事故隐患治理情况进行统计分析,及时梳理、发现安全生产问题和趋势,形成统计分析报告,改进安全生产工作	5	
十二、职业健康(20分)	1.健康管理	①企业应落实职业病防治主体责任,按规定设置职业健康管理机构和配备专(兼)职管理人员;落实职业病危害告知、日常监测、定期报告和防护保障等制度措施	5	
		②提供符合职业卫生要求的工作环境和条件;应按规定组织有关从业人员进行职业健康检查,并建立有关从业人员职业健康档案	5	
		③企业应按规定对存在或者可能产生职业病危害的工作场所、作业岗位、设备、设施设置警示标识和中文警示说明	5 AR	
	2.职业危害申报	企业应按规定及时、如实向当地主管部门申报运营过程中存在的职业病危害因素,并接受其监督	5	

续上表

评价类目		评 价 项 目	标准分值	得分
十三、安全文化(30分)	1. 安全环境	①设立安全文化廊、安全角、黑板报、宣传栏等员工安全文化阵地	5	
		②公开安全生产举报电话号码、通信地址或者电子邮件信箱。对接到的安全生产举报和投诉及时予以调查和处理,并公开处理结果	5 AR	
	2. 安全行为	①企业应建立包括安全价值观、安全愿景、安全使命和安全目标等在内的安全承诺	5 ★	
		②企业应结合企业实际编制员工安全知识手册,并发放到职工	5	
		③企业应组织开展安全生产月活动、安全生产班组竞赛活动,有方案、有总结	5	
		④企业应对安全生产进行检查、评比、考评,总结和交流经验,推广安全生产先进管理方法,对在安全工作中做出显著成绩的集体、个人给予表彰、奖励,并与其经济利益挂钩	5	
十四、应急管理(70分)	1. 预案制定	①企业应在开展安全风险评估和应急资源调查的基础上,建立生产安全事故应急预案体系,制定符合 GB/T 29639—2013 规定的生产安全事故应急预案,针对安全风险较大的重点场所(设施)制定现场处置方案,并编制重点岗位、人员应急处置卡	10 AR	
		②应急预案应与当地政府、行业管理部门预案保持衔接,报当地有关部门备案,通报有关协作单位	5	
		③企业应组织开展应急预案评审或论证,并定期进行评估和修订	5 ★★	

续上表

评价类目		评价项目	标准分值	得分
十四、应急管理(70分)	2.应急队伍	①企业应按照有关规定建立应急管理组织机构或指定专人负责应急管理工作,建立与本企业安全生产特点相适应的专(兼)职应急救援队伍	5	
		②企业应组织应急救援人员日常训练	5	
	3.应急物资	①企业应根据可能发生的事故种类特点,按照有关规定设置应急设施,配备应急装备,储存应急物资	5 AR	
		②企业应建立管理台账,安排专人管理,并定期检查、维护,确保其完好、可靠	5	
	4.应急演练	①企业应按照AQ/T 9007—2011的规定定期组织公司(厂)、车间(工段、区、队、船、项目部)、班组开展生产安全事故应急演练,做到一线从业人员参与应急演练全覆盖	10 ★★★	
		②企业应按照AQ/T 9009—2015的规定对演练进行总结和评估,根据评估结论和演练发现的问题,修订、完善应急预案,改进应急准备工作	5	
	5.应急处置	发生事故后,企业应根据预案要求,立即启动应急响应程序,按照有关规定报告事故情况,并开展先期处置	5	
	6.应急评估	①企业应对应急准备、应急处置工作进行评估	5 ★	
		②运输、储存危险物品或处置废弃危险物品的企业,应每年进行一次应急准备评估	3	
		③完成险情或事故应急处置后,企业应主动配合有关组织开展应急处置评估	2	

续上表

评价类目	评价项目		标准分值	得分
十五、事故报告调查处理（45分）	1. 事故报告	①企业应建立事故报告程序，明确事故内外部报告的责任人、时限、内容等，并教育、指导从业人员严格按照有关规定的程序报告发生的生产安全事故	5	
		②发生事故，企业应及时进行事故现场处置，按相关规定及时、如实向有关部门报告，没有瞒报、谎报、迟报情况。并应跟踪事故发展情况，及时续报事故信息	5 ★★★	
		③企业应跟踪事故发展情况，及时续报事故信息	5	
	2. 事故调查处理	①企业应建立内部事故调查和处理制度，按照有关规定、行业标准和国际通行做法，将造成人员伤亡（轻伤、重伤、死亡等人身伤害和急性中毒）和财产损失的事故纳入事故调查和处理范畴	5	
		②企业应积极配合各级人民政府组织的事故调查，随时接受事故调查组的询问，如实提供有关情况	5	
		③企业应按时提交事故调查报告，分析事故原因，落实整改措施	5	
		④发生事故后，企业应及时组织事故分析，并在企业内部进行通报	5	
		⑤企业应按"四不放过"原则严肃查处事故，严格追究责任领导和相关责任人。处理结果报上级主管部门备案	5 ★	

续上表

评价类目	评价项目		标准分值	得分
十五、事故报告调查处理（45分）	3.事故档案管理	企业应建立事故档案和管理台账，将承包商、供应商等相关方在企业内部发生的事故纳入本企业事故管理	5	
十六、绩效评定与持续改进（20分）	1.绩效评定	①企业应每年至少一次对本单位安全生产标准化的运行情况进行自评，验证各项安全生产制度措施的适宜性、充分性和有效性	5	
		②企业主要负责人应全面负责自评工作。自评应形成正式文件，并将结果向所有部门、所属单位和从业人员通报，作为年度考评的重要依据	5	
	2.持续改进	企业应根据安全生产标准化管理体系的自评结果和安全生产预测预警系统所反映的趋势，以及绩效评定情况，客观分析企业安全生产标准化管理体系的运行质量，及时调整完善安全生产目标、指标、规章制度、操作规程等相关管理文件和过程管控，持续改进，不断提高安全生产绩效	10	

评分说明：
1. "★"为一级必备条件；"★★"为一、二级必备条件；"★★★"为一、二、三级必备条件，即所有一级企业必须满足一、二、三星要求，二级企业须满足二、三星要求，三级企业须满足三星要求。
2. 除满足上述星项要求外，带有标注"AR"（Additional requirements 的意思）的项目执行限制扣分要求，申请一级的企业该项目扣分分值不得超过该项分值的10%，申请二级的企业该项目扣分分值不得超过该项分值的25%，申请三级的企业该项目扣分分值不得超过该项分值的40%，所有"★"项，二、三级企业按照"AR"项要求执行，所有"★★"项，三级企业按照"AR"项要求执行，所有评分项目中存在一项超过上述扣分要求的为达标建设不合格。
3. 所有指标中要求的内容，如评审企业不涉及此项工作或当地主管机关未要求开展的，视为不涉及项处理，所得总分按照千分制比例进行换算。如：某企业不涉及项分数为100分，对照千分表去除不涉及项得分为720分，则最终评价得分为720/900×1000=800分。
4. 所有涉及抽查、询问人员的指标，如细则中无具体说明，抽查数量为总数的10%，最低抽查数量为5，最高抽查数量为15，抽查的人员及车辆应具有代表性，每种类别车辆或人员必须要有抽样。

附件1 《交通运输企业安全生产标准化建设基本规范 第5部分：道路货物运输站场》(JT/T 1180.5—2018)

交通运输企业安全生产标准化建设基本规范
第5部分：道路货物运输站场(JT/T 1180.5—2018)

1 范围

JT/T 1180 的本部分规定了道路货物运输站场安全生产标准化建设的基本要求、通用要求，以及安全目标、资质、法律法规与安全管理制度、装备设施、科技创新与信息化、教育培训、生产过程管理、消防管理、职业健康、企业安全文化、应急管理、事故报告及调查处理、年度评定与持续改进等专业要求。

本部分适用于道路货物运输站场开展安全生产标准化建设工作，以及对安全生产标准化建设的技术服务和评价工作。

2 规范性引用文件

下列文件对于本文件的应用是必不可少的。凡是注日期的引用文件，仅注日期的版本适用于本文件。凡是不注日期的引用文件，其最新版本（包括所有的修改单）适用于本文件。

GB 15630　　消防安全标志设置要求

GB/T 33000	企业安全生产标准化基本规范
GB 50016	建筑设计防火规范
GB 50067	汽车库、修车库、停车场设计防火规范
GB 50140	建筑灭火器配置设计规范
GBZ 158	工作场所职业病危害警示标识
GBZ 188	职业健康监护技术规范
AQ/T 9004	企业安全文化建设导则
JGJ 16	民用建筑电器设计规范
JT/T 402	汽车货运站(场)级别划分和建设要求
JT/T 1180.1	交通运输企业安全生产标准化建设基本规范 第1部分:总体要求

3 术语和定义

GB/T 33000 界定的以及下列术语和定义适用于本文件。

3.1

道路货物运输站场 road freight transport station

为道路货物运输提供停车、仓储、配载、装卸、维修、中转、信息服务等服务活动的经营场所及其完成相应作业所需的设施设备及组织体系。

注:主要包括普通货运站、零担货运站、集装箱中转站、货运交易市场、物流中心等。

3.2

风险 risk

发生特定危险事件的可能性与后果的结合。

[AQ 3013—2008,定义3.13]

3.3

危险作业 dangerous operation

作业过程中会给人身、设备设施、环境带来危险、危害,需要采取一定的防护措施方可进行的作业。

3.4

安全绩效 safety performance

根据安全生产目标,在安全生产工作方面取得的可测量结果。

[AQ/T 9006—2010,定义3.2]

3.5

相关方 interested party

与企业的安全绩效相关联或受其影响的非企业所属的团体或个人。

[AQ/T 9006—2010,定义3.3]

4 基本要求

道路货物运输站场(以下用"企业"代指"道路货物运

输站场")安全生产标准化建设的基本要求按 JT/T 1180.1 的有关规定执行。

5 通用要求

企业安全生产标准化建设的通用要求按 JT/T 1180.1 的有关规定执行。

6 专业要求

6.1 安全目标

企业应根据安全目标制定量化的安全生产工作指标,量化指标包括责任事故率、责任事故死亡率、责任事故受伤率、财产损失率、设备设施完好率、隐患排查治理率、培训考核合格率等内容。

6.2 资质、法律法规与安全管理制度

6.2.1 资质

企业法人营业执照、道路运输经营许可证等合法有效,经营范围符合要求。

6.2.2 法律法规

企业应及时将适用的安全生产法律、法规、标准及其他要求对从业人员进行宣传和培训,提高从业人员的守法意识,规范安全生产行为。

6.2.3 安全管理制度

6.2.3.1 企业应制定符合法律法规、标准规定并符合企业实际的安全管理制度,制度至少应包括:
——安全生产责任制;
——安全生产考核和奖惩制度;
——安全生产工作会议制度;
——法律法规识别与获取管理制度;
——文件和档案管理制度;
——安全生产资金投入及费用管理制度;
——设备设施管理制度;
——特种设备管理制度;
——安全培训教育管理制度;
——安全生产风险管理制度;
——安全检查管理制度;
——隐患排查与治理管理制度;
——货物装卸、搬运及储存安全管理制度;

——特种作业人员管理制度；
——安全值班管理制度；
——消防管理制度；
——相关方安全管理制度；
——职业健康管理制度；
——劳动防护用品管理制度；
——应急救援管理制度；
——事故管理制度。

6.2.3.2 企业应将相关的安全管理制度及时传达给相关方。

6.2.4 岗位安全生产操作规程

6.2.4.1 企业应根据货运站场的装卸/储存工艺、设备设施的特点和货物的种类及危险特性编制各项安全生产操作规程并及时修订。安全生产操作规程包括：
——装卸工安全操作规程；
——调度员安全操作规程；
——站务员安全操作规程；
——出站车辆安全检查操作规程；
——机械装卸安全操作规程；
——电气设备使用安全操作规程；
——货物分类存放安全操作规程；

——其他。

6.2.4.2 企业操作规程中应明确以下事项：
——操作前的检查及准备工作的程序和方法；
——操作中严禁的行为；
——必须执行的操作步骤和操作方法；
——操作注意事项；
——正确使用劳动防护用品的要求；
——出现异常情况时的应急措施。

6.2.4.3 企业应将操作规程发放到相关岗位，并组织相关岗位人员进行培训。

6.2.5 制度执行

企业应定期对安全生产管理制度和操作规程进行有效性、适用性、符合性评审和修订，并及时组织相关人员培训学习。

6.3 装备设施

6.3.1 安全设施及管理

6.3.1.1 企业应具备满足安全生产需要的场地和设备设施，有与其经营规模相适应的货运站房、生产调度办公室、信息管理中心、仓库、仓储库棚、场地和道路等设施。

6.3.1.2 企业应GB 50140的规定配足有效的安全和消防设施、设备及器材,并按要求进行定期维护保养,确保齐全有效。

6.3.1.3 企业应设有覆盖安全重点部位视频监控设备,并保持实时监控。

6.3.1.4 企业应设有应急通道、安全出口、消防车通道,并保证畅通。

6.3.1.5 企业应按GB 15630规定设置宣传告示设备、安全警告标志、指示牌。

6.3.2 特种设备

6.3.2.1 企业特种设备的使用应严格按照相关法律、法规规定,保证特种设备的安全使用。

6.3.2.2 企业特种设备投入使用前或者投入使用后30日内,应向监督管理部门登记注册。

6.3.2.3 企业应对在用特种设备进行经常性日常维护保养,至少每月进行1次检查,并保存记录。

6.3.2.4 企业应对在用特种设备及安全附件、安全保护装置、测量调控装置及有关附属仪器仪表进行定期校验、检修,并保存记录。

6.3.2.5 企业应在特种设备检验合格有效期届满前1个月内向特种设备检验检测机构提出定期检验申请。未经定期检验或者检验不合格的特种设备,不得继续使用。

6.3.2.6 企业应按规定指定专人对特种设备进行管理。

6.3.2.7 企业应建立特种设备安全技术档案。安全技术档案应包括以下内容:
——特种设备的设计文件、制造单位、产品质量合格证明、使用维护说明等文件以及安装技术文件和资料;
——特种设备的定期检验和定期自行检查的记录;
——特种设备日常使用状况记录;
——特种设备及其安全附件、安全保护装置、测量调控装置及有关附属仪器仪表的日常维护保养记录;
——特种设备运行故障和事故记录;
——高耗能特种设备的能效测试报告、能耗状况记录以及节能改造技术资料。

6.4 科技创新与信息化

6.4.1 科技创新及应用

6.4.1.1 企业应使用先进的、安全性能可靠的新技术、新工艺、新设备和新材料,优先选购安全、高效、节能的先进设备。

6.4.1.2 企业应利用先进科技手段,提升安全管理水平。

6.4.1.3 企业应在有条件的情况下,组织开展科技攻关或课题研究。

6.4.2 信息化

企业应根据实际情况开展信息化系统建设,在日常安全管理中使用安全生产管理信息系统或平台。

6.5 教育培训

6.5.1 资格培训

6.5.1.1 企业主要负责人和安全生产管理人员应具备与所从事的生产经营活动相适应的安全生产知识和安全生产管理能力,应由负有安全生产监督管理职责的部门对其安全生产知识和管理能力进行考核并达到合格,且每年应接受不少于国家或地方政府规定学时的再教育。

6.5.1.2 企业其他需要取得资格证书的作业人员,应通过相应培训、考核,持证上岗。

6.5.2 日常安全教育培训

6.5.2.1 企业应对相关方作业人员进行安全教育,保存安全教育记录。

6.5.2.2 企业应鼓励应用在线教育形式开展日常安全教育培训和考核。

6.5.2.3 企业应告知外来参观、学习等人员遵守有关安全规定及安全注意事项。

6.6 生产过程管理

6.6.1 现场作业管理

6.6.1.1 企业应严格执行操作规程和安全生产作业规定,不得违章指挥、违章操作、违反劳动纪律。

6.6.1.2 企业应按相关法律法规,规范货物储存安全管理,按照货物的性质、保管要求进行分类存放,保证货物完好无损。

6.6.1.3 企业应按照规定的业务操作规程进行货物搬运装卸,搬运装卸作业应当轻装、轻卸,堆放整齐,防止混杂、撒漏、破损,有毒、易污染物品不得与食品混装。装卸作业应有专人负责。

6.6.1.4 企业不得超限、超载配货,不得为无道路运输经营许可证或证照不全者提供服务;不得违反国家有关规定,为运输车辆装卸国家禁运、限运的物品。

6.6.1.5 企业专业人员应具有相关资质条件。

6.6.1.6 企业应指定专人对危险作业进行现场管理。

6.6.1.7 企业停车场内应有专人指挥,调度车辆进站发车,停车整齐规范。

6.6.1.8 企业货物堆放和存储应符合 GB 50016 的要求。

6.6.2 安全值班

企业应制定并落实安全生产值班制度和值班计划,重要时期实行领导到岗带班,并做好值班记录。

6.6.3 相关方管理

6.6.3.1 企业应制定相关方安全管理制度,并对相关方的资质、资格进行严格审查。

6.6.3.2 两个以上生产经营单位在同一作业区域内进行生产经营活动,可能危及对方生产安全的,相关企业应当签订安全生产管理协议,明确各自的安全生产管理职责和应当采取的安全措施,并指定专职安全生产管理人员进行安全检查与协调。

6.6.3.3 企业应建立相关方台账和档案,根据其作业行为定期识别作业过程中存在的风险,并采取有效的控制措施。

6.6.4 车辆管理

6.6.4.1 企业应根据需要配置用于装卸搬运工作的作业车辆。

6.6.4.2 企业应按规定配备专门的车辆安全例检人员。

6.6.4.3 企业应设有健全的安全检查制度和流程,对出站车辆进行安全检查,防止超载、超限车辆或者未经安全检查的车辆出站。

6.6.4.4 企业应建立并规范填写车辆安全检查台账。

6.6.5 仓储库

6.6.5.1 企业仓储库的设置应满足 JT/T 402 和 GB 50016 相关要求。

6.6.5.2 企业各类仓库应分区设置。零担货棚和仓储货棚应与相应仓库位于同一区域。

6.6.5.3 企业零担库和集装箱拆装箱库应建成高站台仓库,站台宽度不少于 3m,高度取 1.2~1.3m,两端设置斜坡,并装设货物装卸升降台。

6.6.5.4 企业仓储库保管员应熟悉储存物品的分类、性质和消防安全知识,掌握消防器材的操作使用和维护保养方法,掌握初期火灾的扑救方法和程序。

6.6.5.5 企业物品入库前应由专人负责检查,确认无火种等隐患后,方准入库。

6.6.5.6 企业仓储库储存物品的火灾危险性应按 GB 50016 的规定分为甲、乙、丙、丁、戊五类分类存放。

6.6.5.7 企业库房储存物资应严格按划定的堆装区域和

核定的存放量储存。

6.6.5.8　企业库房内储存物品应分类堆放、限额存放,每个堆垛的面积应不大于 $150m^2$,库房内主通道的宽度应不小于 $2m$。

6.6.5.9　企业仓储电气装置应符合 JGJ 16 规定,电气设备与可燃物的防火间距应不小于 $0.5m$。

6.6.5.10　企业仓储库的电气设备应由专人管理,电气线路、电气设备应定期检查、检测,禁止超时间、超负荷运行。

6.6.6　警示标志

企业存在危险因素的作业场所和设备设施,应设置明显的安全警示标志,警示、告知危险种类、后果及应急措施。

6.7　消防管理

6.7.1　消防安全管理

6.7.1.1　企业主要负责人是本单位的消防安全责任人,对本单位的消防安全工作全面负责。

6.7.1.2　企业应制订年度消防工作计划,制订消防安全工作的资金投入和组织保障方案。

6.7.1.3　企业应将容易发生火灾、一旦发生火灾可能严重危及人身和财产安全以及对消防安全有重大影响的部位确定为消防安全重点部位,设置明显的防火标志,实行严格管理。

6.7.2　火灾预防

6.7.2.1　企业应按 GB 50140 的规定配备相应等级和危险类别的消防控制和火灾报警系统、消防给水系统、泡沫/干粉灭火系统等消防设备设施、器材,并设置消防安全标志。

6.7.2.2　企业应制定并执行防火安全检查、巡查制度,按要求开展防火检查和防火巡查。消防安全重点单位应当进行每日防火巡查,并确定巡查的人员、内容、部位和频次。其他单位可以根据需要组织防火巡查。企业应当至少每月进行一次防火巡查。

6.7.2.3　企业应制定并落实火灾隐患整改责任制。防火检查、防火巡查中发现的火灾隐患应按要求落实至责任部门、责任人,并及时整改。

6.7.2.4　企业应对动用明火实行严格的消防安全管理,在具有火灾、爆炸危险的场所不得使用明火;因特殊情况需要进行电、气焊等明火作业的,动火部门和人员应按照用火管理制度办理审批手续,落实现场监护人,在确认无火灾、爆炸危险后方可动火作业。动火作业人员应遵守消防安全规定,并落实相应的消防安全措施。

6.7.2.5　企业应制定消防设备设施及器材管理制度,消防器材及设施应有专人负责,定期组织检验、维修,保存检验、维修记录。

6.7.2.6 企业应保障安全出口、疏散通道及消防车通道的畅通,消防通道应有明显的指示标志。

6.7.3 消防宣传教育

6.7.3.1 企业应通过多种形式开展经常性的消防安全宣传教育。宣传教育和培训内容应包括:

——有关消防法规、消防安全制度和保障消防安全的操作规程;

——本单位、本岗位的火灾危险性和防火措施;

——有关消防设施的性能、灭火器材的使用方法;

——报火警、扑救初起火灾以及自救逃生的知识和技能。

6.7.3.2 企业应组织新上岗和进入新岗位的员工进行上岗前的消防安全培训。

6.7.3.3 企业消防安全责任人、专兼职消防管理人员、消防控制室的值班、操作人员应接受消防安全专门培训,其中消防控制室值班、操作人员应持证上岗。

6.8 职业健康

6.8.1 职业健康管理

6.8.1.1 企业应制订职业危害防治计划和实施方案,对存在职业危害的作业场所的作业人员定期进行职业健康检查,并对检查结果进行分析和提出建议。企业应建立、健全企业职业卫生档案和从业人员健康监护档案。

6.8.1.2 企业不得安排上岗前未经职业健康检查的从业人员从事接触职业病危害作业;不得安排有职业禁忌的从业人员从事禁忌作业。

6.8.2 工伤保险

企业应参加工伤保险,为从业人员缴纳工伤保险费。

6.8.3 职业危害告知

6.8.3.1 企业与从业人员订立劳动合同时,应将工作过程中可能产生的职业危害及其后果和防护措施等如实告知从业人员,并在劳动合同中写明。

6.8.3.2 企业应向从业人员和相关方告知作业场所及工作岗位存在的职业危害因素、防范措施及应急措施。

6.8.4 环境与条件

6.8.4.1 企业应为从业人员提供符合职业健康要求的工作环境和条件,配备与职业健康保护相适应的设施、工具。

6.8.4.2 企业应在有可能发生急性职业损伤的有毒有害作业场所按规定设置报警设施、冲洗设施、防护急救器具专柜,设置应急撤离通道和必要的泄险区,定期检查,并做好记录。

6.9 企业安全文化

企业应根据 AQ/T 9004 相关要求,开展安全承诺活动。

6.10 应急管理

6.10.1 预案制定

6.10.1.1 企业应按规定对本单位编制的应急预案组织评审或论证,应急预案评审或论证合格后,由企业主要负责人签署公布。

6.10.1.2 企业应急预案应按规定进行修订,至少每 3 年修订一次,预案评审修订情况应有记录,并将预案修订情况报相关部门备案。

6.10.2 预案实施

6.10.2.1 企业应开展应急预案的宣传教育培训,使有关人员了解应急预案内容,熟悉应急职责、应急程序和应急处置方案,并普及生产安全事故预防、避险、自救和互救知识。

6.10.2.2 发生事故后,企业应及时启动应急预案,组织有关力量进行救援,并按照规定将事故信息及应急预案启动情况报告有关部门。

6.11 事故报告及调查处理

6.11.1 事故报告

企业应跟踪事故发展情况,及时续报事故信息,建立事故档案和事故管理台账。

6.11.2 事故调查与处理

6.11.2.1 接到事故报告后,企业应迅速采取有效措施,组织抢救,防止事故扩大,减少人员伤亡和财产损失。

6.11.2.2 发生事故后,企业应及时召开安全生产分析通报会,对事故当事人的聘用、培训、考评、上岗以及安全管理等情况进行责任倒查。

6.12 年度评定与持续改进

6.12.1 绩效评定

企业每年应至少一次对本单位安全生产标准化的实施情况进行评定,验证安全生产管理制度、安全投入、安全生产管理机构及人员、安全培训教育、事故报送及事故调查处理、隐患排查与治理等情况的适宜性、充分性和有效性,检查安全生产工作目标、指标的完成情况。

6.12.2 持续改进

6.12.2.1 企业应对评定中所发现的问题进行分析,制订整改措施,落实整改时间、责任人,并对整改情况进行验证,保存相应记录。

6.12.2.2 企业安全生产管理部门应对评定中发现的问题和整改情况进行跟踪检查。

附件2 交通运输部关于印发《交通运输企业安全生产标准化建设评价管理办法》的通知

交安监发〔2016〕133号

各省、自治区(直辖市)、长江航务管理局：

为深入贯彻落实《中华人民共和国安全生产法》，大力推进企业安全生产标准化建设，现将《交通运输企业安全生产标准化建设评价管理办法》印发给你们，请遵照执行。

交通运输部
2016年7月26日

交通运输企业安全生产标准化建设评价管理办法

第一章 总 则

第一条 为推进交通运输企业安全生产标准化建设，规范评价工作，促进企业落实安全生产主体责任，依据《中华人民共和国安全生产法》，制定本办法。

第二条 本办法适用于中华人民共和国境内交通运输企业安全生产标准化建设评价及其监督管理工作。

第三条 交通运输部负责全国交通运输企业安全生产标准化建设工作的指导,具体负责一级评价机构的监督管理。

省级交通运输主管部门负责本管辖范围内交通运输企业安全生产标准化建设工作的指导,具体负责二、三级评价机构的监督管理。

长江航务管理局、珠江航务管理局分别负责行政许可权限范围内的长江干线、西江干线省际航运企业安全生产标准化建设工作的指导,具体负责二、三级评价机构的监督管理(以上部门和单位统称为主管机关)。

第四条 交通运输企业安全生产标准化建设按领域分为道路运输、水路运输、港口营运、城市客运、交通运输工程建设、收费公路运营六个专业类型和其他类型(未列入前六种类型,但由交通运输管理部门审批或许可经营)。

道路运输专业类型含道路旅客运输、道路危险货物运输、道路普通货物运输、道路货物运输站场、汽车租赁、机动车维修和汽车客运站等类别;水路运输专业类型含水路旅客运输、水路普通货物运输、水路危险货物运输等类别;港口营运专业类型含港口客运、港口普通货物营运、港口危险货物营运等类别;城市客运专业类型含城市公共汽车客运、城市轨道交通运输和出租汽车营运等类别;交通运输工程建设专业类型含交通运输建筑施工企业和交通工程建设项目等类别;收费公路运营专业类型含高速公路运营、隧道运营和桥梁运营等类别。

第五条 交通运输企业安全生产标准化建设等级分为一级、二级、三级,其中一级为最高等级,三级为最低等级。水路危险货物运输、水路旅客运输、港口危险货物营运、城市轨道交通、高速公路、隧道和桥梁运营企业安全生产标准化建设等级不设三级,二级为最低等级。

交通运输企业安全生产标准化建设标准和评价指南,由交通运输部另行发布。

第六条 交通运输企业安全生产标准化建设评价工作应坚持"政策引导、依法推进、政府监管、社会监督"的原则。

第七条 交通运输企业安全生产标准化建设评价及相关工作应统一通过交通运输企业安全生产标准化管理系统(简称管理系统)开展。

第八条 交通运输部通过购买服务委托管理维护单位,具体承担管理系统的管理、维护与数据分析、评审员能力测试题库维护、评价机构备案和档案管理等日常工作。各省级主管机关可根据需要通过购买服务委托省级管理维护单位承担相关日常工作。

第九条 管理维护单位应具备以下条件:

(一)具有独立法人资格,从事交通运输业务的事业单位或经批准注册的交通运输行业社团组织；

（二）具有相适应的固定办公场所、设施和必要的技术条件；

（三）配有满足工作所需的管理和技术人员；

（四）3 年内无重大违法记录，信用状况良好；

（五）具有完善的内部管理制度；

（六）法律、法规规定的其他条件。

第十条 主管部门应与委托的管理维护单位签订合同或协议，明确委托工作任务、要求及相关责任。

第十一条 管理维护单位因自身条件变化不满足第九条要求或不能履行合同承诺的，主管机关应解除合同并及时向社会公告。

第二章 评 审 员

第十二条 评审员是具有企业安全生产标准化建设评价能力，进入评审员名录的人员。

第十三条 凡遵守法律法规，恪守职业道德，符合下列条件，通过管理系统登记报备，经公示 5 个工作日，公示结果不影响登记备案的，自动录入评审员名录。

（一）具有全日制理工科大学本科及以上学历；

（二）具备中级及以上专业技术职称，或取得初级技术职称 5 年以上；

（三）具有 5 年及以上申报专业类型安全相关工作经历；

（四）身体健康，年龄不超过 70 周岁；

（五）同时登记备案不超过 3 个专业类型；

（六）通过管理系统相关专业类型专业知识、技能和评价规则的在线测试；

（七）申请人 5 年内未被列入政府、行业黑名单或 1 年内未被列入政府、行业公布的不良信息名录；

（八）评审员承诺备案信息真实，考评活动中严格遵守国家有关法律法规，不弄虚作假、提供虚假证明，一旦违反，自愿退出交通运输企业安全生产标准化建设评价相关活动。

第十四条 评审员按专业类型自愿申请登记在一家评价机构后，方可从事交通运输企业安全生产标准化建设评价工作，登记完成后 12 个月内不可撤回。

第十五条 评审员应按年度开展继续教育学习，自登记备案进入评审员名录后，每 12 个月周期内均应通过管理系统进行继续教育在线测试。通过测试的，可继续从事企业安全生产标准化建设评价工作；未通过测试的，暂停参加评价活动，直至通过继续教育测试。继续教育测试不收取任何费用。

第十六条 部级管理维护单位应按年度发布评审员继续教育测试大纲,评审员年度继续教育测试大纲应包含以下内容:

(一)相关专业的安全生产法律、法规、标准规范;

(二)交通运输企业安全生产标准化建设有关新政策;

(三)应更新的安全生产专业知识。

第十七条 评审员个人信息变动应于5个工作日内通过管理系统报备。

第十八条 评审员向受聘的评价机构申请不再从事企业安全生产标准化建设评价工作,或年龄超过70周岁的,部管理维护单位应在5个工作日内注销其备案信息。

第三章 评价机构

第十九条 评价机构是指满足评价机构备案条件,完成管理系统登记报备,从事交通运输企业安全生产标准化建设评价的第三方服务机构。

第二十条 评价机构分为一、二、三级。一级评价机构向交通运输部备案,二、三级评价机构向省级主管机关备案。

一级评价机构可承担申请一、二、三级的企业安全生产标准化评价工作,二级评价机构可承担备案地区申请二、三级的企业安全生产标准化评价工作,三级评价机构可承担备案地区申请三级的企业安全生产标准化评价工作。

第二十一条 凡符合以下条件,通过管理系统登记备案,经公示5个工作日,公示结果不影响登记备案的,自动录入评价机构名录。

(一)从事交通运输业务的独立法人单位或社团组织;

(二)具有一定的交通运输企业安全生产标准化建设评价或交通运输安全生产技术服务工作经历;

(三)具有相适应的固定办公场所、设施;

(四)具有一定数量专职管理人员和相应专业类型的自有评审员;

(五)初次申请一级评价机构备案,应已完成本专业类型二级评价机构备案1年以上,并具有相关评价经历;

(六)建立了完善的管理制度体系;

(七)单位或法定代表人3年内未被列入政府、行业黑名单或1年内未被列入政府、行业公布的不良信息名录;

(八)评价机构同一等级登记备案不超过3个专业类型;

(九)评价机构承诺备案信息真实,严格遵守国家有关法律法规,不弄虚作假、提供虚假证明,一旦违反,自愿退出交通运输企业安全生产标准化建设评价相关活动;

(十)满足其他法律法规要求。

以上第一至五款评价机构具体备案条件见附录A。

第二十二条　评价机构进入评价机构名录后,备案信息有效期5年,并向社会公布。备案信息公布内容应包含评价机构的名称、法定代表人、专业类型、等级、地址和印模、备案号和有效期等。

第二十三条　评价机构可在登记备案期届满前1个月通过管理系统进行延期备案,延期备案符合下列条件,经公示5个工作日后,结果不影响延期备案的,自动延长备案期5年。

（一）单位经营资质合法有效；

（二）未被主管机关列入公布的不良信息名录；

（三）满足该等级评价机构登记备案条件。

第二十四条　评价机构名称、地址或法定代表人变更,或从事专职管理和评价工作的人员变动累计超过25%的,应通过管理系统进行信息变更备案。

第二十五条　评价机构应不断完善内部管理制度,严格规范评价过程管理,并对评价和年度核查结论负责。

第二十六条　评价机构应按年度总结评价工作,于次年1月底前通过管理系统报管理维护单位,管理维护单位汇总分析后,形成年度报告报主管机关。

第二十七条　评价机构在妥善处置其负责评价和年度核查相关业务后,可向登记备案的管理维护单位申请注销其评价机构备案信息,管理维护单位核实相关业务处置妥善后应在5个工作日内完成备案注销工作,并通过管理系统向社会公布。评价机构申请注销的,2年内不得重新备案,所聘评审员自动恢复未登记评价机构状态。

第四章　评价与等级证明颁发

第二十八条　评价机构负责交通运输企业安全生产标准化建设评价活动的组织实施和评价等级证明的颁发。

第二十九条　交通运输企业安全生产标准化建设评价包括初次评价、换证评价和年度核查三种形式。

第三十条　交通运输企业安全生产标准化建设等级证明应按照交通运输部规定的统一样式制发,有效期3年。

第三十一条　已经通过低等级交通运输企业安全生产标准化建设评价的企业申请高等级交通运输企业安全生产标准化建设评价的,评价及颁发等级证明应按照初次评价的有关规定执行。

第三十二条　交通运输企业应根据经营范围分别申请相应专业类别建设评价,属同一专业类型不同专业类别的,可合并评价。

第三十三条　交通运输企业申请安全生产标准化建设评价应遵循以下规定：

（一）依照法律法规要求自主申请；

（二）自主选择相应等级的评价机构；

（三）评价过程中，向评价机构和评审员提供所需工作条件，如实提供相关资料，保障有效实施评价；

（四）有权向主管机关、管理维护单位举报、投诉评价机构或评审员的不正当行为。

第三十四条 交通运输企业在取得安全生产标准化等级证明后，应根据评价意见和标准要求不断完善其安全生产标准化管理体系，规范安全生产管理和行为，形成可持续改进的长效机制，并接受主管机关、评价机构的监督。

第一节 初次评价

第三十五条 申请初次评价应具备以下条件：

（一）具有独立法人资格，从事交通运输生产经营建设的企业或独立运营的实体；

（二）具有与其生产经营活动相适应的经营资质、安全生产管理机构和人员，并建立相应的安全生产管理制度；

（三）近1年内没有发生较大以上安全生产责任事故；

（四）已开展企业安全生产标准化建设自评，结论符合申请等级要求。

第三十六条 交通运输企业应通过管理系统向所选择的评价机构提出企业安全生产标准化建设评价申请，申报初次评价应提交以下资料：

（一）标准化建设评价申请表（样式由管理系统提供）；

（二）法律法规规定的企业法人营业执照、经营许可证、安全生产许可证等；

（三）企业安全生产标准化建设自评报告。自评报告应包含：企业简介和安全生产组织架构；企业安全生产基本情况（含近3年应急演练、一般以上安全事故和重大安全事故隐患及整改情况）；从业人员资格、企业安全生产标准化建设过程；自评综述、自评记录、自评问题清单和整改确认；自评评分表和结论等。

第三十七条 评价机构接到交通运输企业评价申请后，应在5个工作日内完成申请材料完整性和符合性核查。核查不通过的，应及时告知企业，并说明原因。评价机构对申请材料核查后，认为自身能力不足或申请企业存在较大安全生产风险时，可拒绝受理申请，并向其说明，记录在案。

第三十八条 企业申请资料核查通过后，评价机构应成立评价组，任命评价组长，制定评价方案，提前5个工作日告知当地主管机关后，满足下列条件，可启动现场评价。

（一）评价组评审员不少于3人，其中自有评审员不少于1人；

（二）评价组长原则上应为自有评审员，且具有2年和

8家以上同等级别企业安全生产标准化建设评价经历,3年内没有不良信用记录,并经评价机构培训,具有较强的现场沟通协调和组织能力；

(三)评价组应熟悉企业评价现场安全应急要求和当地相关法律法规和标准规范要求。

第三十九条 评价机构应在接受企业评价申请后30个工作日内完成对企业的现场评价工作,并提交评价报告。

第四十条 现场评价工作完成后,评价组应向企业反馈发现的安全事故隐患和问题、整改建议及现场评价结论,形成现场评价问题清单,问题清单应经企业和评价组签字确认。现场发现的重大安全事故隐患和问题应向负有直接安全生产监督管理职责的交通运输管理部门和相应的主管机关报告。

第四十一条 企业对评价发现的安全事故隐患和问题,在现场评价结束30日内按要求整改到位的,经申请,由评价机构确认整改合格,所完成的整改内容可视为达到相关要求;对于不影响评价结论的安全事故隐患和问题,企业应按评价机构有关建议积极组织整改,并在年度报告中予以说明。

第四十二条 评价案卷应包含下列内容：

(一)申请资料核查记录及结论;

(二)现场评价通知书(应包含评价时间、评价组成员等);

(三)评价方案;

(四)企业安全生产重大问题整改报告及验证记录;

(五)评价报告,包括现场评价记录、现场收集的证据材料、问题清单及整改建议、评价结论及评价等级意见;

(六)其他必要的评价证据材料。

第四十三条 评价机构应对评价案卷进行审核,形成评价报告(附评价综述、评价结论和现场发现问题清单)及其他必要的评价资料通过管理系统向管理维护单位报备。评价机构评价结论认为符合颁发评价等级证明的,应报管理维护单位向社会公示5个工作日;公示结果不影响评价结论的,评价机构应向企业颁发交通运输企业安全生产标准化评价等级证明。

第四十四条 企业对评价结论存有异议的,可向评价机构提出复核申请,评价机构应针对复核申请事项组织非原评审员进行逐项复核,复核工作应在接受企业复核申请之日起20个工作日完成,并反馈复核意见。企业对评价机构复核结论仍存异议的,可选择其他评价机构申请评价。涉及评价机构评价工作不公正和违规行为的,企业可向相应管理维护单位或主管机关投诉、举报。

第四十五条 交通运输企业安全生产标准化建设等级证明格式由交通运输部统一规定(附录B),证明应注明类型、类别、等级、适用范围和有效期等。

第四十六条　管理维护单位应在收到评价机构报备的评价等级证明、评价报告等资料5个工作日内，向社会公布获得交通运输企业安全生产标准化建设等级证明的企业和评价机构有关信息，接受社会监督。

第二节　换证评价

第四十七条　已经取得安全生产标准化评价等级证明的企业在证明有效期满之前可向评价机构申请换证评价，换证完成后，原证明自动失效。

第四十八条　企业申请换证评价时，应提交以下材料：

（一）企业法人营业执照、经营许可证等；

（二）原交通运输企业安全生产标准化建设等级证明；

（三）企业换证自评报告和企业基本情况、安全生产组织架构；

（四）企业安全生产标准化运行情况，以及近3年安全生产事故或险情、重大安全生产风险源及管控、重大安全事故隐患及治理等情况。

第四十九条　申请换证的企业在取得等级证明3年且满足下列条件，在原证明有效期满之日前3个月内可直接向评价机构申请换发同等级企业安全生产标准化建设等级证明：

（一）企业年度核查等级均为优秀（含换证年度）；

（二）企业未发生一般及以上等级安全生产责任事故；

（三）企业未发生被主管机关安全生产挂牌督办或约谈；

（四）企业安全生产信用等级评为B级以上；

（五）企业未违反其他安全生产法律法规有关规定；

（六）安全生产标准化建设标准发生变化的，年度核查或有关证据证明其满足相关要求。

第五十条　换证评价及等级证明颁发的流程、范围和方法按照初次评价的有关规定执行。

第三节　年度核查

第五十一条　企业取得安全生产标准化建设等级证明后，有效期内应按年度开展自评，自评时间间隔不超过12个月，自评报告应报颁发等级证明的评价机构核查。

第五十二条　评价机构对企业年度自评报告核查发现以下问题的，可进行现场核查：

（一）自评结论不能满足原有等级要求的；

（二）自评报告内容不全或存在不实，不能真实体现企业安全生产标准化建设实际情况的；

（三）企业生产经营状况发生重大变化的，包括生产经营规模、场所、范围或主要安全管理团队等；

（四）企业未按要求及时向评价机构报告重大安全事故隐患和较大以上安全生产责任事故的；

（五）相关方对企业的安全生产提出举报、投诉；

（六）企业主动申请现场复核。

第五十三条 评价机构应在企业提交年度自评报告15个工作日内完成自评报告年度核查，需进行现场核查的，应在30个工作日内完成。

第五十四条 年度核查结论分为不合格、合格和优秀三个等级评价，并通过管理系统向社会公开。企业安全生产标准化建设运行情况不能持续满足所取得的评价等级要求，或长期存在重大安全事故隐患且未有效整改的评为不合格；基本满足且对不影响评价结论的问题和重大安全事故隐患进行有效整改的评为合格；满足原评价等级所有要求，并建立有效的企业安全生产标准化持续改进工作机制，且运行良好，重大安全事故隐患和问题整改完成的，评为优秀。对于年度核查评为优秀，应由企业在年度自查报告中主动提出申请，经评价机构核查，包括进行现场抽查验证通过后，方可评为优秀。

第五十五条 评价机构对企业的年度核查评价在合格以上的，维持其安全生产标准化建设等级证明有效；年度核查评价不合格或未按要求提交自评报告的，评价机构应通知企业并提出相关整改建议，企业在30日内未经验收完成整改，或仍未提交自评报告，或拒绝评价机构现场复核的，评价机构应撤销并收回企业安全生产标准化建设等级证明，并通过管理系统向社会公告。

第五十六条 已经取得交通运输企业安全生产标准化建设等级证明的企业，在有效期内发现存在重大安全事故隐患或发生较大及以上安全生产责任事故的，应在10个工作日内向颁发等级证明的评价机构报送相关信息，评价机构可视情况开展企业安全生产标准化建设核查工作。

第五十七条 评价机构撤销企业安全生产标准化建设等级证明的，应通过管理系统向管理维护单位备案。

第四节 证明补发和变更

第五十八条 企业安全生产标准化建设等级证明遗失的，可向颁发等级证明的评价机构申请补发。

第五十九条 企业法定代表人、名称、经营地址等变更的，应在变更后30日内，向颁发等级证明的评价机构提供有关证据材料，申请对企业安全生产标准化评价等级证明的变更。

第六十条 评价机构发现申请安全生产标准化建设等

级证明变更的企业的安全生产条件发生重大变化,超出第四十九条情况的,可进行现场核实,核实结果不影响变更证明的,应予以变更,核实认为企业安全生产条件不满足维持原证明等级要求的,原证明应予以撤销并通过管理系统向社会公示。

第六十一条　评价机构应在接受企业提出的证明变更申请后30日内,完成证明变更。

第五章　监督管理

第六十二条　主管机关应加强对管理维护单位、评价机构和评审员的监督管理,建立健全日常监督、投诉举报处理、评价机构和评审员信用评价、违规处理和公示公告等机制,规范交通运输企业安全生产标准化建设评价工作。省级主管机关对日常监督管理工作中发现的一级评价机构存在的违法违规行为应通过管理系统上报。

第六十三条　主管机关应采取"双随机、一公开"的突击检查方式,组织抽查本管辖范围内从事相关业务的评价机构和评审员相关工作。抽查内容应包含:机构备案条件、管理制度、责任体系、评价活动管理、评审员管理、评价案卷、现场评价以及机构能力保持和建设等。

第六十四条　交通运输管理部门应将企业安全生产标准化建设工作情况纳入日常监督管理,通过政府购买服务委托第三方专业化服务机构,对下级管理部门及辖区企业推进企业安全生产标准化建设工作情况进行抽查,抽查情况应向行业通报。

第六十五条　已经取得交通运输企业安全生产标准化评价等级证明的企业,在有效期内发生重大及以上安全生产责任事故,或1年内连续发生2次以上较大安全生产责任事故的,评价机构应对该企业安全生产标准化建设情况进行核查,不满足原等级要求的,应及时撤销其安全生产标准化等级证明。事故等级按照《生产安全事故报告和调查处理条例》(国务院令第493号)和《水上交通事故统计办法》(交通运输部令2014年15号)确定。

第六十六条　负有直接安全生产监督管理职责的交通运输管理部门应对企业安全生产标准化建设评价中发现的重大安全事故隐患及时进行核查,确认后责令企业立即整改,并依法依规追究相应人的责任。

第六十七条　主管机关应建立投诉举报渠道,公布邮箱、电话,接受实名投诉举报。

第六十八条　主管机关接到有关企业安全生产标准化建设评价实名举报或投诉的,经确认举报或投诉事项是属本单位管辖权限,应在60个工作日内完成调查核实处理,并将处理意见向举报人反馈。

第六十九条 投诉举报第一接报主管机关对确认不属本单位管辖权限的,应在5个工作日内告知举报人,并建议其向具有管辖权限的主管机关举报。

第七十条 评审员、评价机构违背承诺,其备案信息经核实存在弄虚作假的,管理维护单位应在3个工作日内将其列入黑名单,并通过管理系统向社会公告。

第七十一条 管理维护单位应对评审员、评价机构发生的违规违纪和违反承诺等失信行为,依据评审员、评价机构信用扣分细则(见附录C)进行记录。

第七十二条 评审员、评价机构信用等级按其扣分情况分为AA、A、B、C、D共5个等级,未扣分的为AA;扣1~2分的为A;扣3~8分的为B;扣9~14分的为C;扣15~19分的为D;信用扣分超过20分(含20分)的列入黑名单。以上信用扣分按近3年扣分累计。

第七十三条 部管理维护单位应通过管理系统,按年度向社会公布管辖范围内一级评价机构、评审员3年内违规行为和信用等级汇总情况,以及评价机构所颁发等级证明的企业及其近5年发生等级以上安全生产事故情况。评审员发生信用扣分的,管理维护单位应告知评审员登记的评价机构。

省级管理维护单位应通过管理系统,按年度向社会公布管辖范围内二、三级评价机构,以及评价机构所颁发等级证明的企业及其近5年发生等级以上安全生产事故情况。

第七十四条 交通运输管理部门应将交通运输企业安全生产标准化建设情况和评价结果纳入企业安全生产信用评价范围,鼓励引导交通运输企业积极开展安全生产标准化建设。

第七十五条 交通运输管理部门应加强对企业安全生产标准化评价结果应用,作为实施分级分类、差异化监管的重要依据;对安全生产标准化未达标或被撤销等级证明的企业应加大执法检查力度,予以重点监管。客运、危险货物经营企业安全生产标准化建设评价及年度核查情况应作为企业经营资质年审和运力更新、新增审批、招投标的安全条件重要参考依据。

第七十六条 主管机关和管理维护单位的工作人员发生失职渎职的,应按规定追究相关责任人责任;评价机构的工作人员和评审员发生弄虚作假、违法违纪行为,依法依规追究相关人员法律责任。

第六章 附 则

第七十七条 交通运输企业安全生产标准化是指企业通过落实安全生产主体责任,全员全过程参与,建立安全生产各要素构成的企业安全生产管理体系,使生产经营各环节符合安全生产、职业病防治法律、法规和标准规范的要求，人、机、环、管处于受控状态，并持续改进。

第七十八条 交通运输企业安全生产标准化建设评价是指企业安全生产标准化评价机构，依据相关法律法规和企业安全生产标准化建设标准，评价企业安全生产标准化建设情况，对评价过程中发现安全生产的问题，提出整改建议，是促进企业安全生产标准化建设工作的重要方式。

第七十九条 对企业所实施的安全生产标准化建设评价，不解除企业遵守国际、国内有关安全生产法律法规的责任和所承担的企业安全生产主体责任。

第八十条 航运企业已建立安全管理体系并取得符合证明(DOC)的，视同满足企业安全生产标准化二级达标水平。

第八十一条 省际运输企业是指从事省际道路或水路运输的交通运输企业。

第八十二条 自有评审员是指与受聘评价机构签订正式劳动合同，且受聘评价机构已为其连续缴纳1年以上社保的人员。

第八十三条 本办法所称企业是指从事公路、水路交通运输的生产经营单位，包括直接从事生产经营行为的事业单位。

第八十四条 省级主管机关未委托管理维护单位的，本管理办法涉及的相关工作由其承担。

第八十五条 管理系统由交通运输部统一开发，委托管理维护单位负责日常维护。

第八十六条 本办法自发布之日实施，有效期5年。《关于印发交通运输企业安全生产标准化考评管理办法和达标考评指标的通知》(交安监发〔2012〕175号)及《关于印发交通运输企业安全生产标准化相关实施办法的通知》(厅安监字〔2012〕134号)同时废止。

附录 A

评价机构登记备案条件

序号	条件	要求			备注
		一级	二级	三级	
1	固定办公场所面积	不少于300m²	不少于200m²	不少于100m²	需提供房屋产权证明或1年以上的租赁合同
2	专职管理人员	不少于8人	不少于5人	不少于3人	需提供人员正式劳务合同(事业单位需提供加盖单位公章的人员在职证明),连续1年以上的单位代缴纳的纳税证明和社保缴费证明
3	自有评审员	不少于30名本专业自有评审员	不少于12名本专业自有评审员	不少于6名本专业自有评审员	
4	高级职称人员	不少于10人	不少于3人	不少于2人	高级职称是指国家认可的从事管理、技术、生产、检验和评估评价的高级技术人员,但不含高级经济师、高级政工师等非相关职称
5	工作经验	1.至少具备5年以上从事交通运输相关业务领域咨询服务工作的经验; 2.至少具备1年以上二级评价机构备案经历; 3.已评价一定数量本专业二级企业	1.至少具备3年以上从事交通运输相关业务领域咨询服务工作的经验; 2.至少具备1年以上三级评价机构备案经历; 3.已评价一定数量本专业三级企业	至少具备3年以上从事交通运输相关业务领域咨询服务工作的经验	评价机构申请备案一级资质需评价二级企业家数(新增专业类型不需要): 道路运输:200家;水路运输:80家;港口营运:50家;城市客运:100家;交通工程建设:100家; 评价机构申请备案二级资质需评价三级企业家数(新增专业类型不需要)由各省主管机关确定

注:上述条件为单个专业类型登记备案条件,本办法实施前已经取得评价机构证书的评价机构备案不受此条件限制;已经完成其他类型评价机构备案,增加评价机构备案类型的,不要求具有下一级评价机构备案及相关要求。二、三级评价机构备案条件为最低要求,各省级主管机关可根据具体情况参照设定相应备案条件。

附录 B

证明格式及编号说明

1. 等级证明纸张大小为 420mm×297mm(A3),带底纹。

2. 证明编号格式为 YYYY—TA—XXXXXX。YYYY 表示年份;TA 表示负责颁发等级证明的评价机构监督管理的省级以上管理维护单位(01 表示交通运输部,02 表示北京市,03 表示天津市,04 表示河北省,05 表示山西省,06 表示内蒙古自治区,07 表示辽宁省,08 表示吉林省,09 表示黑龙江省,10 表示上海市,11 表示江苏省,12 表示浙江省,13 表示安徽省,14 表示福建省,15 表示江西省,16 表示山东省,17 表示河南省,18 表示湖北省,19 表示湖南省,20 表示广东省,21 表示海南省,22 表示广西壮族自治区,23 表示重庆市,24 表示四川省,25 表示贵州省,26 表示云南省,27 表示西藏自治区,28 表示陕西省,29 表示甘肃省,30 表示青海省,31 表示宁夏回族自治区,32 表示新疆维吾尔自治区,33 表示新疆生产建设兵团,34 表示长江航务管理局,35 表示珠江航务管理局);XXXXXX 表示序列号。

3. 经营类别分为道路客运运输、道路危险货物运输、道路普通货物运输、道路货物运输站场、汽车租赁、机动车维修、汽车客运站、水路客运运输、水路普通货物运输、水路危险货物运输、港口客运、港口普通货物营运、港口危险货物营运、城市公共汽车客运、城市轨道交通运输、出租汽车营运、交通运输建筑施工企业、交通工程建设项目、收费高速公路、隧道和桥梁运营等类别。

4. 评价等级分一级、二级、三级3个级别。

5. 评价机构颁发等级证明印章使用圆形封口章,名称统一为"＊＊＊企业安全生产标准化评价专用章","＊＊＊"为颁发等级证明的评价机构名称,"达标专用章"封口。

6. 证明电子模板可在管理系统下载。

7. 证明正本1份,副本3份。

附录 C

评审员评价机构信用扣分细则

一、评审员发生下列情形的，信用分值扣 1 分：

（一）管理维护单位对评审员评价能力、评价技巧、抽样或流程符合性提出质疑的；

（二）评审员信息发生变更，未按照规定办理变更手续的；

（三）经核实，评价期间不遵守有关纪律，迟到或提早离场的；

（四）未按评价计划实施现场评价，但不影响评价过程的。

二、评审员发生下列情形的，信用分值扣 2 分：

（一）以个人名义或未经评价机构同意，开展与评价相关活动；

（二）近 3 年内，管理维护单位对评审员评价能力、评价技巧、抽样或流程符合性提出质疑 2 次的评审员；

（三）近 3 年内，评审员参与评价的企业有 20%~30% 发生一般等级以上安全生产责任事故；

（四）近 3 年内，评审员参与评价的企业发生了 1 起一般安全生产责任事故，且事故调查确定的直接原因在评价时已经存在，但评价中未识别或指出；

（五）未按评价计划实施现场评价，影响评价过程的。

三、评审员发生下列情形的，信用分值扣 5 分：

（一）与申请评价的企业存在利害关系的，未回避的；

（二）近 3 年内管理维护单位对评审员评价能力、评价技巧、抽样或流程符合性提出质疑 3 次及以上的评审员；

（三）非故意泄露企业技术和商业秘密，未造成严重后果的；

（四）近 3 年内，评审员参与评价的企业有 30%~50% 发生一般等级以上安全生产责任事故；

（五）近 3 年内，评审员参与评价的企业发生了 1 起较大安全生产责任事故，且事故调查确定的直接原因在评价时已经存在，但评价中未识别或指出；

（六）受到主管部门通报批评的。

四、评审员发生下列情形的，信用分值扣 10 分：

（一）评价活动中为第三方或个人谋取利益，但不构成违法的；

（二）未按要求如实反映企业重大安全事故隐患或风险的；

（三）允许他人借用自己的名义从事评价活动的；

（四）近 3 年内，评审员参与评价的企业有 50% 以上发生一般等级以上安全生产责任事故；

（五）近 3 年内，评审员参与评价的企业发生了 1 起重大上安全生产责任事故，且事故调查确定的直接原因在评价时已经存在,但评价中未识别或指出。

五、评审员发生下列情形的,信用分值扣 20 分:

(一)登记备案条件弄虚作假的;

(二)评价活动中,存在重大违法、违规、违纪行为,构成违法的;

(三)评价活动中为第三方或个人谋取利益,情节特别严重的;

(四)评价工作中弄虚作假的,结果影响评价结论的;

(五)近 3 年内,评审员参与评价的企业发生了 1 起特别重大安全生产责任事故,且事故调查确定的直接原因在评价时已经存在,但评价中未识别或指出;

(六)故意泄露企业技术和商业秘密,或泄露企业技术和商业秘密造成严重后果的;

(七)被列入省部级以上黑名单的。

六、评价机构发生下列情形的,信用分值扣 1 分:

(一)逾期 30 日未提交年度工作报告;

(二)不按规定程序和要求开展评价活动的;

(三)内部档案管理制度不健全或重要考评记录文件缺失的(每缺失 1 件扣 1 分);

(四)未按评价计划实施现场评价,但不影响评价过程的;

(五)允许不具备评价能力人员参与评价活动的;

(六)近 3 年内,评价机构所评价的企业有 20%~30% 发生一般等级以上安全生产责任事故。

七、评价机构发生下列情形的,信用分值扣 5 分:

(一)未按要求如实反映企业重大安全事故隐患或风险的;

(二)未及时向管理维护单位报备评价结果的;

(三)泄露企业技术和商业秘密的,未构成后果的;

(四)评价机构评价结果或年度核查不符合实际情况;

(五)利用评价活动,谋取其他利益的;

(六)近 3 年内,评价机构所评价的企业有 30%~50% 发生一般等级以上安全生产责任事故;

(七)近 3 年内,评价机构所评价的企业发生了 1 起较大安全生产责任事故,且事故调查确定的直接原因在评价时已经存在,但评价中未识别或指出。

八、评价机构发生下列情形的,信用分值扣 10 分:

(一)评价工作中隐瞒或应发现而未发现企业重大安全事故隐患或风险;

(二)泄露企业技术和商业秘密的,造成较轻后果的;

(三)分包转包评价工作的;

(四)利用评价活动,强制谋取其他利益的;

(五)评价活动的专业类型不符合本办法要求或超范围评价的;

（六）评价机构或其法定代表人被主管部门通报批评的；

（七）近3年内,评价机构所评价的企业有50%以上发生一般安全生产责任事故；

（八）近3年内,评价机构所评价的企业发生1起重大安全生产责任事故,且事故调查确定的直接原因在评价时已经存在,但评价中未识别或指出。

九、评价机构发生下列情形的,信用分值扣20分：

（一）登记备案条件弄虚作假的；

（二）评价工作中弄虚作假,或应发现而未发现企业重大安全事故隐患或风险,导致隐患未消除或风险未得到有效控制,发生等级以上责任事故的；

（三）采取不正常竞争措施,严重影响市场秩序的；

（四）泄露企业技术和商业秘密的,造成严重后果的；

（五）评价机构相关条件低于首次备案条件,督办整改不合格的；

（六）近3年内,评价机构所评价的企业发生1起特别重大安全生产责任事故,且事故调查确定的直接原因在评价时已经存在,但评价中未识别或指出；

（七）评价机构或其法人被列入省部级以上黑名单的；

（八）按照有关法规、规定,应予以撤销的。

以上信用扣分细则,逐条逐次累计。交通运输部安委会办公室可根据安全生产信用体系建设和企业安全生产标准化建设情况适时调整。